Verse, Sprüche und Reime für Kinder

Verse, Sprüche und Reime für Kinder

ausgewählt und eingeführt von Susanne Stöcklin-Meier

eine «wir eltern»-Publikation im Orell Füssli Verlag

1.— 5. Tausend: Mai 1974
6.— 9. Tausend: Oktober 1974
10.—12. Tausend: Februar 1975
13.—18. Tausend: Juli 1975
19.—25. Tausend: Februar 1976
26.—30. Tausend: November 1977
31.—35. Tausend: März 1979

© 1974 by wir eltern Verlag Zürich
Illustrationen: Ludwig Richter-Album (Verlag Rogner & Bernhard, München); Rite rite Rössli (Verlag von Hegel & Schade, Leipzig)
Graphische Gestaltung: Wolfgang Quaiser
Druck: Orell Füssli Graphische Betriebe AG
ISBN 3 280 00787 9

Geleitwort von Susanne Stöcklin-Meier

«Wir suchen alte Kinderverse», mit diesen Worten eröffnete Maja Spiess, verantwortliche Redaktorin von «wir eltern», im Juniheft 1972 den Kindervers-Wettbewerb für Eltern und Grosseltern. Weiter stand da zu lesen: «Sie kennen sicher alle das Verschen ‚Rite, rite, Rössli' und die Bewegungen, die man dazu mit dem Kind macht. Sie kennen bestimmt auch die Fingerverse ‚Das isch der Duume' und ‚Dä isch in Bach gfalle'. Aber wir sind überzeugt, dass es noch viele andere hübsche Verse und Liedchen dieser Art gibt, die nicht allgemein bekannt sind, die eigentlich nur in der Familie von Generation zu Generation weitergegeben werden. Und genau die sind es, die wir suchen. Es können Reiter- oder Fingerverse sein, aber auch alle andern Spiele, die mit einem bestimmten Vers verbunden sind. Dazu gehören die Bewegungsspiele, mit denen die Mutter ihr Kleinkind unterhält.»

«Rumpedi-pumpedi Holderstock» diente als exemplarisches Beispiel eines Kinderreims mit Bewegung: *Rumpedi-pumpedi Holderstock*.

Die Mutter sitzt auf einem Stuhl, das Kind legt sich, Rücken gegen oben, Gesicht gegen unten quer über ihre Knie. Die Mutter schlägt mit den flachen Händen den Takt der ersten Zeilen auf den Rücken des Kindes:

« Rumpedi-pumpedi Holderstock,
wie mäng Finger het der Bock?
Wie mäng Finger stehn?»

Auf «stehn» stellt sie eine beliebige Anzahl gekrümmter Finger auf den Rücken des Kindes. Das Kind nennt eine falsche Zahl, zum Beispiel sechs anstatt neun. Die Mutter schlägt wieder mit flachen Händen den Takt:

«Hättsch du dini nün errote,
hätte mir dir es Tübeli brote
und di gleit uf e Tisch
und di gschnitte wie nen Fisch.»

Bei «und di gschnitte wie nen Fisch» macht sie mit den Seiten der Hände auf dem Rücken Schneidbewegungen.

«Hättsch lieber Mässer oder Gable?»

Antwortet das Kind «Mässer», werden die Schneidbewegungen wiederholt, die Mutter sagt dazu: *«Schnide, schnide, schnide.»*

Wählt das Kind «Gable», sagt die Mutter: *«Stäche, stäche, stäche»* und sticht mit beiden Zeigfingern in den Rücken.

«Hättsch lieber Gufe oder Noodle?»

Lautet die Antwort des Kindes «Gufe», sticht die Mutter wieder mit den Zeigfingern und sagt dazu: *«Stäche, stäche, stäche.»*

Bei «Noodle» macht die Mutter Nähbewegungen und sagt: *«Näie, näie, näie.»*

«Hättsch lieber Wasser oder Wii?»

Bei der Antwort «Wasser» packt die Mutter das Kind und lässt es vom Schoss ein Stück gegen den Boden hinunterrutschen: *«Wärfets alli uf d Gasse!»*

Bei «Wii» ist die Antwort der Mutter: *«Schleuet alli zämme dri!»*

Sie schlägt wieder mit den Händen auf den Rücken, diesmal etwas schneller und etwas kräftiger.

Die Schlussfrage heisst: *«Leiterli uf oder ab?»*

Ist die Antwort «uf», hebt die Mutter das Kind mit beiden Händen in die Höhe und sagt: *«In Himmel ufe.»*

Sagt das Kind «ab», lässt es die Mutter wieder vom Knie rollen, diesmal bis auf den Boden: *«In Chäller abe.»*

Kaum war das Juniheft von «wir eltern» erschienen, kamen die ersten Briefe. Und der Strom dauerte an bis gegen Ende August – volle zwei Monate lang. Das Ergebnis war sehr erfreulich. Man besass jetzt eine grosse Sammlung von Verschen und Gedichten aus allen Gegenden der Schweiz. Ja sogar aus dem Ausland hatten sich verschiedene Mütter gemeldet. Die originellsten Texte wurden später in der Serie «Verse, Sprüche, Reime» in «wir eltern» veröffentlicht. Diese Versblätter fanden so grossen Anklang, dass sich der Entschluss aufdrängte, sie in einem Büchlein zusammenzufassen. Mir fiel die schöne Aufgabe zu, dieses reichhaltige Material, das schon Gedruckte und das noch Unveröffentlichte, zu sichten, zu ordnen, Brauchbares von Unbrauchbarem zu scheiden und wo immer nötig mit selber Gesammeltem zu ergänzen und zu vervollständigen.

Hauptaugenmerk Bewegung

Kinderverssammlungen existieren schon viele. Sie mit einer weiteren, ähnlichen zu bereichern, schien mir nicht sinnvoll. Beim Durchblättern von älteren und neueren Sammlungen fiel mir auf, dass ausgerechnet unser Hauptaugenmerk, Sprache und Bewegung im Kindervers, bis jetzt kaum berücksichtigt worden war. Das mag verschiedene Gründe haben. Tatsache ist, dass Verse mit genau beschriebenem Bewegungsablauf eine Rarität sind. Wahrscheinlich fehlen sie in den meisten Sammlungen, weil das Gewicht hauptsächlich auf die Sprache gelegt wurde. Zudem sind die den Text begleitenden Bewegungen und Gebärden sprachlich schwierig zu erfassen und zu umschreiben. Dazu kommt noch, dass früher diese Tändeleien allgemein bekannt waren, eine Selbstverständlichkeit darstellten. Sie wurden mündlich, im Spiel, weitergegeben. Man lernte sie nicht, wie das heute oft geschieht, aus einem Buch, sondern nahm sie von einer ausführenden Person ab, mit Aug und Ohr. Man hatte sie selber gespielt als Kind, später beobachtet bei Verwandten und Bekannten und noch später an Kind- und Kindeskinder weitergegeben. Es ist sicher kein Zufall, dass Bewegung und Kindervers in der Regel gekoppelt auftreten. Sprache und Bewegung sind beide etwas Elementares. Beim Wort ist das vielen noch klar, bei der Bewegung hingegen schon weniger. Hier ein paar grundsätzliche Gedanken zu diesem Thema von H.S. Herzka. Er schreibt im Bilderatlas «Von der Geburt bis zur Schule» (Schwabe, Basel): «Bewegung gehört zu jedem Lebewesen. Sie ist die Voraussetzung für andere Entwicklungsfortschritte, von denen sie gleichzeitig auch abhängig ist. Zum Schauen sind beispielsweise die Bewegungen der Augen nötig, später das Wenden des Kopfes, das Richten der eigenen Körperhaltung; das erste Lächeln und das spätere Ausdrucksverhalten sind mimische Bewegungen. Die Sprache erfordert ein differenziertes Zusammenspiel von Bewegungen. Durch Bewegung kommt das Kind mit anderen Menschen und mit Dingen in Kontakt. Das Kind geht hinaus und bewegt sich in der Natur. Schliesslich ist das Spiel auch ein Sichbewegen, und im Zeichnen werden Bewegungen festgehalten. Alle Wahrnehmungen sind mit Bewegung, alle Bewegungen mit Wahrnehmungen verbunden. Wahrnehmen und Bewegen bilden ein Ganzes, das wir als Verhalten beobachten können. Die Fortschritte im Bewegungsverhalten sind bei der Beobachtung des Kindes die auffälligsten Erscheinungen. Im aufrechten Gang, in der Fingergeschicklichkeit und beim Sprechen erreicht das Kind die nur dem Menschen eigene Form und höchste Differenziertheit der Bewegung.»

Tändeleien und Sprache

Aus Griechenland ist dieses Händchenspiel für die Allerkleinsten eingetroffen: man hält dem Kind eine oder beide Hände geöffnet ins Blickfeld und dreht sie hin und her. Dazu sagt man: *Ku-pe-pe, ku-pe-pe, ku-pe-pe...* Die Einsenderin schreibt dazu:

«Obwohl das Händchenspiel hier sehr bekannt ist, konnte mir niemand sagen, was das Wort bedeutet, vermutlich ist es sehr alt. Mein kleiner Sohn, einjährig, hat einen Riesenspass daran und spielt es auch für sich allein.»

Diese klangmalerische, rhythmische Silbenkette, verbunden mit der simplen Handbewegung, vermag das Kind zu entzücken und zu fesseln. Es hat seinen Riesenspass daran und verlangt immer wieder danach! Dieser Spruch ist ein klassisches Beispiel all jener ersten, einfachen Bewegungsspiele, die man Koselieder, Kribbelmärchen, oder wie wir hier, Tändeleien, nennt. Sie sind in unzähligen Varianten bekannt und in allen Ländern zu finden. Sie sind wohl aus der liebevollen Zuwendung der Pflegeperson zum Kleinkind entstanden. Ich habe sie im ersten Kapitel von «Kopf bis Fuss» zusammengestellt. (Übrigens wurden wo immer möglich die Dialekte der verschiedenen Einsenderinnen beibehalten und die Bewegungsbeschreibungen wörtlich wiedergegeben.)

Durch diese ersten Verse erlebt das Kind ein lustvolles Geben und Nehmen mit seiner Kontaktperson im Sprach-, Sozial- und Bewegungsbereich. Die Bedeutung der Rückwirkung der Reaktion der Mutter, zum Beispiel auf das Verhalten des Kindes und seine weitere Entwicklung, darf nicht unterschätzt werden. Da das Kind durch Nachahmung lernt, ist es auf unser Sprachvorbild angewiesen. Es braucht unsere Zuwendung, Anerkennung und unsere Impulse. Es achtet auf die Lautstärke des gesprochenen Wortes.

Die moderne Wissenschaft hat bestätigt, was gute Erzieher schon lange wussten: Das geistige Klima, in dem das Kind in den ersten Jahren aufwächst, ist entscheidend für seine spätere Entwicklung. Kinder, mit denen wenig gesprochen wird, haben einen geringeren Wortschatz. Sie können sich verbal schlechter ausdrücken.

Kinderreime bieten Eltern und Erziehern eine Fülle von Möglichkeiten, Kindern die Sprache auf humorvolle, spielerische Weise nahe zu bringen. Ein Sprüchlein zur rechten Zeit kann Wunder wirken. Wie oft lässt sich ein Kind damit trösten, ein Trotzköpfchen ablenken. Ein Reim kann auf ein trauriges Kindergesicht ein Lächeln zaubern. Er kann anregen, zum Lachen reizen, aber auch beruhigen. Verse, Sprüche, Reime, all diese unscheinbaren Kleinigkeiten stärken die liebevolle Beziehung zwischen Mutter und Kind und regen zugleich das Denken an. Nur ein Beispiel für die ganz Kleinen: Spielt man mit ihnen ein paar Tage nacheinander beim Essen, Waschen, Anziehen usw. dieselbe Tändelei, werden sie bald von alleine bei einer bestimmten Bewegung «ihr» Sprüchlein verlangen. Bei so einfachen Bewegungsspielen steht das aktive Mitsprechen nicht im Vordergrund, massgebend ist vor allem die humorvolle Zuwendung des Erwachsenen zum Kind, der Hautkontakt und der Aufbau einer guten Beziehung zur Pflegeperson.

Im Grunde ist es jedesmal ein kleines Wunder, wenn sich ein Kind in den ersten fünf Jahren vom hilflosen Wesen, das nur Lall- und Schreilaute von sich gibt, zum eigenständigen Geschöpf entfaltet, das zuerst einzelne Wörter spricht, dann richtige Sätze formt, Dinge benennt, Fragen stellt, und so lernt, sich mit Hilfe der Sprache mit seinen Mitmenschen, seiner Umwelt zu verständigen. Es kann nun auch seine Gefühle und Stimmungen in Worte fassen: loben, schimpfen, oder gar fluchen..., ruhig Geschichten hören und selber welche erzählen, Verse auswendig lernen und eigene Reime dichten.

Gedanken zum Aufbau

Erstaunlicherweise sind verhältnismässig wenig *Abzählreime* eingetroffen, ein paar Klangmalerei- und Zahlverse, obwohl gerade sie sich unter den Kindern von fünf bis zehn Jahren grösster Beliebtheit erfreuen. Viele Abzählreime ergeben verstandesmässig keinen Sinn, frappieren aber durch ihre klangliche und rhythmische Qualität. Sie spielen mit Lautmalereien, tönen Kauderwelsch «änedäne, dübedäne...». Interessant ist, dass so viele Varianten ein und derselben Fassung zirkulieren! Manche Verse sind ortsgebunden, manche wandern, je nach Gegend und Dialekt strahlen sie eine andere Tönung, eine andere Farbigkeit aus. Die hier abgedruckten wollen Anregung sein zum eigenen Sammeln, zum genauen Hinhören.

Wenn Kinder abzählen, stellen sie sich in einen losen Kreis. Der Abzähler erzwingt die Kreisform mit seiner Armbewegung. Wort und Bewegung passen sich dem Rhythmus des Verses an. Silbe um Silbe wird betont, dazu tippt der Sprechende reihum, einem nach dem andern, auf die Brust. Der zuletzt Getroffene ist «frei». Er scheidet aus. Das Spiel wird solange fortgesetzt, bis nur noch ein Kind übrig bleibt. Da Abzählreime nur Vorspiele sind, und zum eigentlichen Spiel hinführen, darf der letzte dieses Neue beginnen.

Dass in unseren Familien nicht nur alte *Fingerverse* gepflegt werden wie «Das isch der Duume» und «Dä isch in Bach gfalle», zeigen die lustigen Eingänge unbekannter Fingerreime. «Das isch s Nanettli, das isch s Babettli» war für mich ebenso neu, wie «Das sind die feuf Fingerli, und alli sind chlini Schlingeli.» Zum Glück tragen Kinderreime nicht das Prädikat «Hohe Kunst». Wenn uns die Schreibweise eines Textes stört, haben wir die Freiheit, ihn in unsere Mundart umzusetzen. Die Kinder sollen sprechen, so wie sie es gewohnt sind. (Manchmal finden sie aber gerade am «Fremden» ihren Gefallen.) Das Fingervers-Kapitel schliesst mit ein paar anspruchsvollen *Handgeschichten*. Will man diese mit Kindern aufführen, sollte man sich zum guten Gelingen viel Vergnügen, flinke Schüler und gelenkige Finger wünschen.

Beim *Kniereiten* zu beachten: Es muss nicht immer «Joggeli, chasch au ryte?» sein! Es lässt sich auch Kniereiten auf Vaters Schoss mit «Rite, rite, rari», «Schnyderli, Schnyderli, Schwäfelholz» und «Der Vater list Zytig». (Den letztgenannten Vers belieben Kinder auch auf der Reckstange sitzend aufzusagen. Bei «jetz plötzlich chlappet de Liegestuhl zue» lassen sie sich nach hinten fallen.) Meines Wissens wurden hier erstmals auch die Bewegungen zu Kniereiterspielen aufgezeichnet. Sie wollen kein Zwang sein, sondern Möglichkeiten zum Variieren aufzeigen. Dieses «billige» Vergnügen, auf Vaters Knien reiten zu dürfen, macht den kleinsten Knopf «reich». Verwehren wir unseren Kindern diesen Genuss nicht! Jedes Ding hat seine Zeit. Auch das Kniereiten. Die Geborgenheit, die dieses Schaukeln beim Kleinkind auslöst, lässt sich später nicht mehr nachholen.

Unter dem Sammelbegriff *Allerlei* fanden diejenigen Verse Unterschlupf, die den Rahmen dieser Sammlung sprengten und doch nicht weggeworfen werden sollten.

Schnabelwetzer wetzen den Schnabel, wie es der Name verspricht. Es braucht schon allerhand Zungenfertigkeit, um den folgenden Vers in rasantem Tempo fünfmal nacheinander zu sagen:

*Lotti,
Wydiwotti,
Wydiwytundkeistotti,
Wydiwanyschesschnotti.*

Fortgeschrittene drehen und wenden Reime auch um. Das tönt dann etwa so:

*Zwischen zwei Zweigen zwitschern zwei Schwalben.
Zwischen zwei Schwalben zwitschern zwei Zweige.
Zwischen zwei Zwitschern zweigen zwei Schwalben.*

Schnellsprechverse sind bei Schulkindern sehr beliebt. Da heute immer mehr Kinder Sprachstörungen haben, wäre eine intensivere Pflege aller Schnabelwetzer wünschenswert. Sie bieten allerbeste Zungengymnastik! Und viel Spass.

Was haben die Verse des Kapitels *Verkehrte Welt* und *Lügenmärchen* mit Bewegung zu tun? Genau genommen nicht sehr viel. Kinder haben ein feines Sprachempfinden und viel Sinn für Humor. Sie lieben jeglichen Sprachschabernack. Und der ist in diesem Abschnitt gehäuft anzutreffen. Ist Lachen etwa keine Bewegung? Also.

Offí zi ré ha bén sebéll.
(Offiziere haben Säbel.)

Der Klartext von *Sauerkrautlatein-Sprüchen* tönt oft verblüffend einfach. Das verschleiernde Geheimnis liegt in der falschen und verschobenen Betonung. Es werden auch Wörter falsch getrennt oder zusammengehängt. Sauerkrautlateiner verfügen über einen grossen Spruchschatz und haben die Neigung, alle Bekannten und Verwandten mit der Frage zu überfallen: «Weisst Du, was das heisst?» Und dann rasseln sie Spruch um Spruch hinunter, bis das arme Opfer wenigstens ein Sauerkrautlatein-Sprüchlein entziffern kann...

*Pünktli, Pünktli, Komma, Strich,
fertig isch das luschtig Gsicht.*

*Ohreläppli, Ohreläppli,
und es luschtigs Zipfelchäppli.*

*Obe rund und unde rund,
und das Männli, das isch gsund.*

Dieser *Zeichnungsvers* befand sich unter dem gedruckten Wettbewerbsmaterial, ohne Zeichnung natürlich. Er löste in mir eine Kettenreaktion aus: «Haben wir nicht auch? Und meine Kinder? Wie war denn das genau?» Mein Sammlerinstinkt war geweckt. Ich suchte. Und fand Männchen mit und ohne Hals, Schwiegermütter mit schweren Brüsten, Professoren mit Hut und Brille, Mondgesichter, Schweinchen und Katzen... Alle «Bilder» werden sprechend gezeichnet. Bemerkenswert erscheint mir, dass die «alten» Zeichnungsverse in der Regel mit «Punkt, Komma, Strich» beginnen, und die heutigen sich mit Eier und Frau Meier herumschlagen. Auch die Zeichnungsschemen sind freier geworden. Manchmal erzählen sich die Kinder zum Zeichnen keine Verse mehr, sondern Geschichten. Es entstehen aber auch heute noch neue Zeichnungsverse. Ich sass neben dem achtjährigen Mädchen, als es «seinen» Heiner zum ersten Mal aufs Blatt bannte, in Wort und Bild:

Ein Ei, nein lieber zwei,
eine Nase, wie ein Hase,
ein Mund, wie ein Hund,
ist dies Gesicht nicht kugelrund?
Eine Erbse und zwei Beiner,
fertig ist der Heiner.

Wo zeichnen Kinder diese Männchen? Im Kranken- und Wartezimmer, auf Reisen im Zug, unter den Schulbänken, am Familientisch... Es freut mich, dass diese alten, fast vergessenen Verse zum Zeichnen noch oder wieder lebendig sind.

Tändeleien

Es Wägli,
Es Stägli,
En Tupf.
Es Chrüseli,
Es Müseli
Und es Tätschli-Tätschli.

Die Mutter macht die entsprechenden Bewegungen auf der Innenseite der Kinderhand, bis «Tupf» mit einem Finger, die letzten zwei mit vier Fingern. Zuletzt wird das Händchen leicht getätschelt.

Sälzli, Schmäzli, Müseli,
Chrüseli, Chrüseli, Chrüseli,
tätsch, tätsch, tätsch!

Die Mutter streicht dem Kind zuerst dreimal sanft über die Handinnenfläche, dann kitzelt und «kräbelet» sie, zuletzt gibt sie einen humorvollen Klaps darauf.

Do häsch en Taler,
gosch i d Metzg,
holsch Fleisch,
holsch Gitzeli-Gitzeli-Fleisch.

Die Mutter teilt dem Kind das Geld aus, indem sie ihm mit ihrer Hand leichte Schläge auf seine Handfläche gibt. Bei «Gitzeli-Gitzeli-Fleisch» kitzelt sie die Handfläche des Kindes.

Fänschterli zue,
Augen mit Zeigfinger leicht zudrücken.
Lädeli zue,
Ohren kurz nach vorn umklappen.
Türe zue,
Lippen sanft zusammendrücken.
bschliesse!
An der Nase drehen.

Das sind die zwei Lichterl.
Mit beiden Zeigfingern die Augendeckel schliessen.
Das sind die zwei Pusserl.
Backen aufblähen-eindrücken-sprechen.
Das ist das Tor.
Mit einem Zeigfinger auf den Mund tippen.
Da kommt der Herr Pfarrer hervor.
Zunge herausstrecken.

Gling, glang, Gloggestrang,
goldige Ring,
Rössli spring,
übere Zun,
bis nach Thun!

Mit Daumen und Zeigfinger die Nasenspitze anfassen und zum Sprechrhythmus hin- und herbewegen:

Guggus,
wo bisch du?
Dodo!

Man spielt mit dem Kind Verstecken, um Möbel, hinter Vorhängen und Bettecken usw.

«Wotsch en Eiertätsch?»
«Scho verschlage!»

Der Fragende bläst die Backen auf. Der Gefragte antwortet mit «ja» und schlägt mit beiden Händen die aufgeblasenen Wangen des Fragers wieder flach. Die zurückgehaltene Luft sollte hörbar, zischend entweichen.

Liebs Büseli, liebs Büseli –
Mit hoher, lieber Stimme sprechen.
bösi, bösi Chatz!
Mit tiefer, böser Stimme sprechen.

Man fasst beide Händchen des Kindes und streicht sich selber damit über die Wangen. Auf «bösi Chatz» werden die Händchen energisch gegen die Wangen geklopft.

**Wie gross isch s Meiteli? (oder Büebli)
Soo gross!**

Der Erwachsene frägt das Kleine und hebt ihm auf «soo gross» die Ärmchen in die Höhe. Bald wird es die Ärmchen selber strecken.

**Müli uf und Auge zue,
i wott der öppis ine tue!**

Auge zue und Mul uf!

Bei beiden Sprüchlein schliesst das Kind die Augen, und die Mutter schiebt ihm eine Kleinigkeit zum Essen in den geöffneten Mund.

**Mueter, Vater,
lueg au do,
Hunger han i,
weisch au wo?
Do!**

**Mueter, Vater, i ha Hunger!
Wo? Do!**

Mit dem Zeigfinger berührt der Sprecher dem Kind zuerst das linke, dann das rechte Ohr, dann die linke und die rechte Wange und die Nasenspitze. Auf «do» schiebt er ihm etwas zum Naschen in den Mund.

**En grade Strich,
en chrumme Strich,
es Löchli bohre,
en Watsch a d Ohre.**

Man hält das Händchen des Kindes und zeichnet auf der Innenfläche mit dem Finger einen geraden, dann einen krummen Strich, schliesslich bohrt man das «Löchlein». Dann führt man das Händchen ans Ohr und schlägt leicht darauf.

Lange Wäg
Breite Wäg
Elleboge
an der Nase zoge!

Man hält das Händchen des Kindes und streicht mit dem Zeigfinger von der Handwurzel zu den Fingerspitzen, dann über die Hand, wandert über den Arm zum Ellenbogen hinauf und zupft zum Schluss das Kind an der Nase.

Äugeli, Äugeli,
Näseli, Näseli,
Bäggeli, Bäggeli,
Chinneli, Chinneli,
girri, girri, giggs!

Man berührt mit dem Zeigfinger der Reihe nach alle genannten Gesichtsteile des Kindes. Auf «girri, girri, giggs» kitzelt man es unter dem Kinn.

Gribeli, gräbeli,
Man fasst ein Händchen des Kindes und kitzelt leicht die Handfläche.
gigs Fingerli,
Mit dem Zeigfinger leicht in der Mitte die Handfläche drücken.
Elleboge,
Mit dem Ellenbogen die Handfläche des Kindes berühren.
Näsli zoge,
Näschen liebevoll zupfen.
Härli lupfe,
Ein Haarbüschelchen leicht zupfen.
grosse Patsch.
Leicht in die Hand schlagen.

Stupf Veegeli,
Ellebeegeli,
Patschhändli gäh,
gribis, grabusis, guets Eebeli,
hoch obe fliegt s Veegeli!

Die Mutter stupft zu Beginn mit Daumen und Zeigfinger in die Handfläche des Kindes, berührt diese dann mit dem Ellenbogen, patscht darauf und kitzelt. Auf «hoch obe fliegt s Veegeli» fliegt ihre Hand in die Höhe, schwenkt hin und her und beschliesst den Spruch mit lautstarkem Fingerschnalzen.

Da chunt d Muus,
da chunt d Muus.
Klingelingeling:
Isch der Herr im Huus?

Das Kind ist das Haus, das Ohrläppchen die Klingel. Die «Maus», die Finger der Mutter, laufen über den Bauch zum Kopf hinauf und benützen das Ohrläppchen als Klingel. Antwortet das Kind «ja», wird es mit einem Händedruck begrüsst, antwortet es «nein», schlüpft die Hand des Sprechers unter seinen Pullover und «sucht» den Herrn auf der blossen Haut...

Die Mutter sagt die Worte, während sie das Gesicht des Kindes wäscht:
Chineli
Das Kinn wird gewaschen.
Mineli
Der Mund wird gewaschen.
Bäggeli und Näggeli
Beide Wangen kommen dran.
Nasestüberli
die Nase
Füüräugli, Wasseräugli
die beiden Augen
Stirnegüpfli
die Stirne
und es Haarrüpfli!
Zum Abschluss zieht man ganz leicht am Haar.

Variante:
Chüneli,
Müneli,
Äggeli,
Bäggeli,
Öhrli,
Möhrli,
Füüräugeli,
Wasseräugeli,
Nasezipfeli,
Stirnetüpfeli,
Höörlirüpfeli.

Das Kind sitzt der Mutter auf den Knien.
Sie nimmt die Hände des Kindes und
reibt die Handflächen aneinander:
Tällerli wäsche, Tällerli wäsche
Sie streicht die Handflächen am Oberkörper des Kindes ab:
Abtröchne, abtröchne
Die Mutter lässt den Oberkörper des
Kindes nach hinten fallen:
Und uslääre!

Flitsch, flatsch,
Händliplatsch!

Beim Baden klatscht das Kind abwechslungsweise in die Hände und auf die
Wasseroberfläche. Die Hände des Kindes
können auch vom Sprecher geführt werden.

Händli wäsche, Händli wäsche,
suber, suber wäsche.
Gsichtli wäsche, Gsichtli wäsche,
suber, suber wäsche.
Schmutzigs Wasser, schmutzigs Wasser,
schmutzigs Wasser, schmutzigs Wasser!

Beim Waschen zu sagen oder «trocken»
auszuführen, indem man das Kind auf
die Knie nimmt, alle aufgezählten Bewegungen ausführt und das Kind auf
«schmutziges Wasser» nach hinten kippen
lässt.

Ein Vers für grössere Kinder, beim Waschen aufzusagen.

De Hansli uf der Höhni,
hät gmeint, wien är e Schöni
mit rote Bagge hei,
do, wo sie si tuet wäsche,
do wird sie grau wie Äsche,
und mager wien es Bei.

S chunnt e Bär
vo Konstanz her
und will em Chindli
s Bucheli, Bucheli neh.

Zeigfinger und Mittelfinger wandern über den Körper des Kindes. Auf «Bucheli neh» zwicken sie es leicht in den Bauch.

Es chunnt en Ma e Spanne lang,
är het e Bart e Elle lang.
Är macht em Vreneli gix, gix, gix.

Man spaziert mit ausgestrecktem Daumen und Kleinfinger über den Körper des Kindes und «chräbelet» zuletzt.

Es chunnt en Bär,
es chunnt en Bär,
wo chunnt er här?
Wo goht er us?
Is Eveli-Huus.

Mit Zeigfinger und Mittelfinger spaziert man von den Füssen bis zum Bauch und steigert entsprechend das Tempo bis zu «Huus». Für jedes Kind den eigenen Namen einsetzen.

Kommt s Mäuschen gekrochen,
hat s Beinchen gebrochen,
macht gili, gili, gili.

Zeigfinger und Mittelfinger wandern vom Ellenbogen des Kindes bis zum Handteller und kitzeln auf «gili».

Es chunt es Müseli,
i s chli Härzhüseli.

I weis e Witz,
vom Ungle Fritz,
dä het e Floh,
dä bisst e sooo!

Auf «sooo!» kneift der Sprechende das
Kind irgendwo leicht in die Haut.

Anke stungge, Anke stungge,
Mit beiden Händen den Arm fassen, eine
über der andern, und gegeneinanderstossen.
Bälleli mache, Bälleli mache,
Mit beiden Händen den Arm rollen.
druf striche, druf striche,
Mit beiden Händen über den Arm streichen.
abbisse!
Leicht in den Arm beissen.

Varianten des selben Spiels:

Anke stosse, Anke stosse,
Bälleli mache, Bälleli mache,
schnyde, schnyde, schnyde!

Anke stosse, Anke stosse,
Bälleli mache, Bälleli mache,
tätsch, tätsch, tätsch!

Anke stosse, Anke stosse,
Bälleli mache, Bälleli mache,
Chörbli schmeisse, Chörbli
schmeisse!

Bei allen drei Varianten fasst man mit
beiden Händen den Vorderarm des Kindes
und streicht mehrmals kräftig gegen den
Ellenbogen hin, worauf man an der dicksten
Stelle des Ärmchens die ballende Bewegung macht.
Bei «schnyde» mit der Handkante Schneidbewegungen auf dem Ärmchen des Kindes
ausführen.
Bei «tätsch» mit der flachen Hand auf den
Unterarm des Kindes klopfen.
Zu «Chörbli schmeisse» wird der Arm
des Kindes nach unten geschupst.

Die Mutter fasst das liegende Kind bei den Hüften oder beim Kopf und macht zum Sprechen ballende, stossende und ziehende Bewegungen:

Mütschli bache, Mütschli bache,
inestosse, inestosse,
usezieh, usezieh!

Brötli bache, Brötli bache,
ineschüsse, ineschüsse,
useneh, useneh
und gnüsse, gnüsse!

Sigi, sagi
Wassersagi,
chunt e Wolf u bisst di.

Zwei Kinder ziehen sich mit gekreuzten Armen hin und her, um zu schauen, welches stärker ist.

Sige, sage, Holz entzwei,
sige, sage, sugg!

Zwei Kinder «sägen» Holz mit gekreuzten Armen, auf «sugg» lassen sie die Hände los.

I will di lehre Sidigs webe,
hüt e Schutz
und morn e Schutz,
es gitz, es gitz, es gitz,
es gitz, es gitz, es gitz.

Bei diesem Vers reicht man sich die Hände (ungekreuzt) und macht die Webbewegung, langsam beginnen, am Schluss nur noch sehr schnell hin und her ziehen!

Mer wänd das Rössli bschlah lah,
uf Bade wämmers ga lah.
Was wämmer em uflegge?
Es Chäsli und en Wegge?
Es Chäsli und es Zigerli,
Chumm morn am Morge widerli,
widerli, widerli...

Die Mutter hält den Fuss des Kindes und schlägt bei jedem Reim auf die Fusssohle. Bei «widerli» immer schneller.

Man nimmt das Händchen oder das
Füsschen des Kindes:
Jetz wemmer no es Rössli
   pschlage.
Wie viel Nägeli mues es habe?
Das Kind wählt eine Zahl. Man klopft
so vielmal auf das Füsschen.
Jetz hämmer es Nägeli zwit ine
   gschlage,
jetz mömmers wider use chribele
   chrabele.

Schuemächerli, Schuemächerli,
was choschte mini Schueh?
Drü Bätzeli, drü Bätzeli,
und d Negeli derzue.

Rössli bschlah, Rössli bschlah,
wieviel Negeli ine schlah?
Eins, zwei, drei, vier, fünf,
sechs, sieben, acht,
so, jetz isch s gmacht!

Schueli bschla, Schueli bschla,
wie mängs Negeli mues i ha?
Eis, zwei, drü.

Schuemächerli, Schuemächerli,
schlag Negeli bis gnueg,
schlag s ufe, schlag s abe,
schlag s nebet de Schue.
Hesch s Löchli verlore,
chasch wider eis bohre,
Schuemächerli, Schuemächerli,
schlag Negeli bis gnueg.

Rite, heie, bute,
es got en Maa det ufe
Die Mutter hebt das Kind in die Höhe,
hätt wiss und gäli Schüeli feil,
chaufed em... (Name des Kindes) au
no zwei.
Wie tür büte?
S Päärli sibe Chrüzer.
Sibe Chrüzer isch vil ztür,
s...   muess no
warte hür.
Hür und fern, und übers Jahr
chann denn's...
laufe.
Cha denn selber det ufe ga
Die Mutter hebt das Kind in die Höhe.
und für sich Schüeli chaufe.

Nani Puppele,
koch em ... es Suppele,
schlag em au des Gageli (Ei) dra,
dass es besser schlofe cha.

Das Kind im Arm hin- und herwiegen.
Auf «koch em ... es Suppele» in der
Handfläche mit dem Zeigfinger Kreis-
bewegungen machen. Das «Gageli» mit
einem Tatsch in die Handfläche schlagen.
Abschliessend das Kleine wieder herzen
und wiegen.

Chasch du au pfiffe?
Und dur es Löchli schlüffe?
Und gäng säge Pantöffeli
und au no Löffeli, Löffeli?

Die f werden alle gepfiffen.

Chrugeli, mugeli,
weli Hand wotsch?

Man hält in der einen Faust einen kleinen
Gegenstand verborgen, lässt die Fäuste
während des Sprüchleins auf Brusthöhe vor
sich kreisen, auf «weli Hand wotsch»
verschwinden sie auf den Rücken.

Müllerli drüllerli
ds Redli geit um,
der Müller isch toube
und weis nid warum.

Hände mit etwas Abstand waagrecht über-
einanderhalten und um sich selber drehen
lassen. Im ersten Vers ein böses Gesicht
schneiden, im zweiten ein fröhliches.

Windeli, wändeli,
Wasserständeli,
weles Händeli witt?

Auch hier hält man einen kleinen Gegen-
stand in der Hand verborgen, streckt
die geschlossenen Fäuste aber nach dem
Kreisen dem Kind entgegen zum Raten.

Abzählreime

Ellerli sellerli ribedira
ribedi rabedi Knolle
biff baff buff und du bisch duss.

Ani vani türki tani
sieje wje companje
Pfeffer, Racker
ticker, tacker
hei, wie, wumm,
Ross, Schweif drum.

Äne, däne, diadee
Diadee di Salomee
Salomee digattriga
Gattri gattri gums.

Änedäne dübedäne,
dübedäne Dahlie,
eggepresse simbola,
bia bia bum.

Äne, däne dube däne
Dube däne Dalius
Eckehalle, Zimmerfalle
Via, via, duss.

Ene, tene, tupetene,
tupetene, talia,
pia, pia, puff,
und du bisch ehr und redlich
    duss.

Em dem dubinem,
divi, davi dari dominem,
exensbrot, in der not
wia weia wum.

Eni, beni, subtraheni
divi, davi domi neni
ecca brocco casa nocca
zingele zangele dus.

Ene, bene subtrahene,
divi, davi, domino.
Eck, Speck, Dreck,
und du bist weg.

1, 2, Polizei,
3, 4, Rossgeschirr,
5, 6, alti Hex,
7, 8, i de Nacht
9, 10, hani gseh
11, 12, Chatzewölf.
13 Tanne,
14 Manne,
15, 16, 17, 18, 19, 20,
    Appenzeller Chatzeschwanz.

Eins, zwei, drei,
Butter auf den Brei,
Salz auf den Speck
und du musst weg.

Eis, zwöü, drü,
bim, bam, bü,
bim, bam, bereli,
mi Vater isch es Hereli,
mi Mueter isch e Chüechlifrou,
u we si het, so git si mer ou.

Eins, zwei, drei,
es chunt e Polizei
u nimmt ne bi de Hosebei
u lat ne nümme hei,
aber du bisch frei.

Lang und churz
und gross und chli,
dick und dünn
und du muesch si.

Zehn, zwanzig, dreissig,
Mädchen du bist fleissig,
vierzig, fünfzig, sechzig,
Mädchen, du bist prächtig,
siebzig, achtzig, neunzig,
Mädchen, du bist einzig,
Hundert, Tausend, Million,
Mädchen, du verdienst die Kron.
Biff, baff, buff,
und du bisch duss.

Eis, zwei, drü,
higgi, häggi, hü,
higgi, häggi, Haberstrau,
s chunnt e n alti Bättlerfrau.
Herr schänk i,
Chnächt trink us,
du bisch duss.

A, ce, Bölle schäle,
d Chatz gaht uf Walliselle,
chunnt si wieder hei,
hätt si chrummi Bei.
Piff, paff, puff,
und du bisch ehr und redlich duss.

Fingerverse

Das isch der Dume,
dä schüttlet d Pflume,
dä list si uf,
dä treit si hei
und dä chli Stumpe
isst alli elei.

Dä isch in Bach gfalle,
Dä het ne use zoge,
Dä het ne hei treit,
Dä het ne i ds Bettli gleit,
U dä het im es guets, guets
 Süppeli gchochet.

Das isch de Herr Tuume,
Hät sys Büüchli vole Pfluume.
Das isch de Herr Gwundernaass,
Zäiget säb und zäiget daas.
Dää Herr sitzt grad i der Mitti,
Isch der erscht, de zwäit, de
 dritti.
Dää Herr isch vo bsundrer Art,
Träit gärn Ringli fyn und zaart,
Und dää Chly isch de Herr
 Stümpli,
Ooni Schue und ooni Strümpfli.

Grüezi, i bis dick Babettli
und lige gärn im weiche Bettli.

Und i heisse Joggeli-Fritz
und gang go poschte wie der
 Blitz.

I bi d Madam Dorothee
und faar gärn Schiffli uf em See.

I heisse Jumpfere Gritte
und cha ganz usgezeichnet rite.

Und mis Hündli Wauwauwau,
macht grad s Männli, lueget au!

Dää rüefft: Füürioo!
Dää frööget: Woo?
Dää chrääit: Unen am See!
Dää briegget: Ach herjee!
Dää Chly, dää säit: Hol lieber d
　Sprütze,
Das wird eener öppis nütze!

Dää gaat uf Afrika,
Dää lueget em truurig naa,
Dää winkt adee, adee!
Dää säit: Uf Widersee!
Und dää rüefft: Pass uuf, am Nyl
Hätts es grooses Krokodil!

Dää sitzt still und froh am Tisch,
Dää bringt Weggli, herrli frisch.
Dää schänkt Milch und Kafi y,
Dää tuet e chli Zucker dry,
Dää seit: Lass na es bitzeli stah,
S Büsi mues au Zmorge haa.

Dä tuet Zytig läse uff em Bänggli,
dä zellt syni sibe Fränggli,
dä tuet sy Dubakpfyffli stopfe
und dä tuet sy Biebli verklopfe.

Beim letzten Reim wird mit dem Ringfinger auf den kleinen Finger geklopft, evtl. mit Hilfe der anderen Hand.

Dä seit: bim Räge, do wird me
　nass.
Dä seit: bim Räge, das isch kei
　Gspass.
Dä seit: bim Räge, do goni nid us.
Dä seit: bim Räge, do blib i im
　Huus.
De Chlinscht seit bim Räge:
I mag nid uf d Sunne warte,
I goh mit em Schirm in Chinder-
　garte.

Dä seit: bim Räge, da wird me nass.
Dä seit: bim Räge, das isch kei Gschpass.
Dä seit: bim Räge blib ich im Hus.
Dä seit: bim Räge gahn ich nöd us.
De Chlinscht seit: das tuet mi kein Rappe choschte,
ich gah mit em Schirmli em Mami go poschte.

Dää räist dur d Wält,
Dää gitt em s Gält,
Dää schenkt em en nöie Rock,
Dää gitt em de Wanderstock,
Und dää Chly säit: pitti, pitt,
Gäll du nimsch mi au grad mit!

Dää gaht go Birrli schüttle,
dää hilft am Bäumli rüttle,
dää list d Birrli uuf,
dää treits hei, de Berg duruuf,
und dää Chly lyt fuul im Graas,
plumps, tätscht em e Bir uf d Nas!

De Herr Tuumetick im erschte Stock,
Dä hetti gärn en nöie Rock.
Er gaat zum Schnyder obedraa,
Dää läit em es fäins nöis Gwändli aa,
Dänn gaat er zum Herr Fingerhuet,
Det chaufft er sich en nöie Huet.
Und bi dem Herr da näbezue
Chaufft sich de Tuumetick na d Schue.
Jetz gseet er würkli prächtig uus,
Und won er häi chunt i sys Huus,
So rüeft sys chly fyn Fraueli daa:
«Näi, wie bisch duu en schööne Maa!»

Das isch de Papi, lieb und guet.
Das isch s Mami mit em frohe Muet.
Das isch der Brueder, schlank und gross.
Das isch d Schwöschter mit em Bäbi uf em Schoss.
Das isch es chlyses Chindeli,
und das söll die ganzi Familie sy.

Dä do putzt d Schueh,
dä luegt zue,
dä bürschtet s Gwändli,
dä wäscht em d Händli,
dä sitzt is Ofeneggli
und isst sis Würschtli und sis Weggli.

Das isch der Vater,
das isch d Muetter,
das isch d Schwester,
Und das der Brueder.
Was sott ächtscht dä do jetzt no sy?
Unser lieb Stimperli isch au no derby!

Alle Finger aneinanderhalten und sie langsam von sich wegbewegen.

Jetzt gehnd sie spaziere mitenand
und gänd enander ordlig d Hand.
Jetzt laufe si e wenig, jetzt blybe sy stoh,
und jetzt springe si alli gschwind dervo!

Bei der letzten Zeile Finger hinter den Rücken davonlaufen lassen.

Dää hät uf em Märt en Stand
und verchauft deet allerhand.
Chunnt en Herr deet us dem Stettli,
hetti gärn es Zigarettli.
Chunnt die Madam dick und gross,
hetti gärn e wissi Schoss.
Chunnt das Frölein zart und nett,
hetti gärn es Bäbibett.
Und dä chli, dä tusigs Bängel,
rüeft: Ich wott en Zuckerstängel.

Rechte Hand:
Das isch s Nanettli,
das isch s Babettli,
das isch s Jeanettli,
das isch s Josettli,
das isch s Zusettli.
Die füf liget alli lieb im Bettli.

Linke Hand:
Das isch de Köbeli,
das isch de Röbeli,
das isch de Hansli,
das isch de Franzli,
und jetzt chunnt de Fritz
und zupft d Meitli am Nasespitz.

Es sin emol fimf Stimpe gsi,
wo gärn go spile sin an Rhy.
Dr erscht, dä het e Schiff mitgno
und uff dä Wälle schauggle loh.
Der zwait, dä het e Fischli gseh:
Kumm, nimm mi Brot, i ha no meh!
Dr dritt, dä luegt der Fähri no:
Ach, hätt si mi doch au mitgnoh!
Dr viert, dä hoggt dert under dr Brugg,
är friert und wett zer Mamme zrugg.
Dr glainscht ist's erscht Mol hit am Rhy
und dängget nur – scho blumpst er dry!

Das isch der Beckersmaa mit sym
runde Bücheli da.
Das sind syni Gselle – vo dene
willi eu öppis verzelle.
De sött Weggli bache und tuet nüt
als gigele und lache.
De sött Weggli verträge und
flügt um uf jedere Stäge.
De sött Turte garniere und tuet
d Händ und s Gsicht verschmire
Un de macht alli Guetzli zchly
und tuet in Teig zvill Zucker
dri.
Do seit de Beckersmaa: «Was
isch das für e Ornig da?»
Denn schimpft er fescht mit jedem
Gsell und jagt si furt grad
uf de Stell!

Die allerschönste Pfluume,
die griegsch bim digge Buume.
Bim Frölain mit der Kappe
griegsch Lauch fir 15 Rappe,
und bi däm grosse Ma
kasch langi Bohne ha.
Dr allerschönscht Spinat
het die säll Frau parat.
Mai, mai, du winzig Biebli,
stibitz mir jo kai Riebli!

Föif Söili chömed z lauffe.
De Puur wotts go verchauffe.
S Schnüffelnäsli, s
 Ringelschwänzli,
S Gwaggelöörli, s Chugelränzli.
Aber s chlynscht, das
 Wädlibäi,
Säit: mer springed wider häi.

Das sind föif Brüederli,
und ali e chli liederli.
Dää sött gleitig zaabig choche
und hät de Stiil vom Pfändli
　proche.
Dää sött goge Holz zueträäge
und sitzt ganz gmüetli uf der
　Stääge.
Dää hät wele Wasser hole,
und stürchlet über en Sack vole
　Chole.
Dää sött gschwind go Eier chaufe
und gigelet nu und wott nöd
　laufe.
Und de Chly, anstatt schön z
　tische,
tuet im Weyer Rosschöpf fische.
Do chunt de Vatter und d
　Mueter hei,
si schimpfed ghöörig: «Aber nei!
Sött das jetz öppe gschaffet sy?
Jetz marsch is Bett und
　schämed i!»

Himpelchen und Pimpelchen
　stiegen auf einen hohen Berg.
Fäuste machen und Daumen abspreizen,
bei «hohen Berg» mit den Händen einen
Berg bilden.
Himpelchen war ein Heinzel-
　mann, Pimpelchen war ein
　Zwerg.
Einmal den rechten Daumen, dann den
linken zeigen.
Als sie so auf dem Berge sitzen,
　wackeln sie mit den Zipfel-
　mützen.
Mit den oberen Daumenteilen fest wackeln.
Und nach vielen langen Wochen
　sind sie in den Berg
　gekrochen.
Daumen verschwinden langsam in den
Fäusten.
Dort schlafen sie in guter Ruh' –
　hört fein zu!
Alle schnarchen laut.

Das Kind sitzt der Mutter gegenüber. Es macht nach, was die Mutter vorzeigt.

Das isch es Dach,
Die Hände falten wie ein Dach.
das isch en Bach,
Die Hände gestreckt in einigem Abstand.
das isch e Brugg,
Handrücken nach oben, Finger an Finger.
jetz zieht si zrugg.
Hände gegen sich ziehen.
Das isch es Schiffli,
Handflächen zusammen, oben offen.
dem gib ich es Püffli,
Hände von sich stossen.
jetz chunts i d Wälle,
Mit den Händen Schlangenlinien machen.
jetz gseht mers nüme.
Hände hinter dem Rücken verstecken.

Vogel-Vogelneschtli, uf em höche Huus,
wenn die Vögeli gross sind, flüged alli us.
Flüged hoch in Himmel, hoch i d Luft, juchhee...
chömed s wider abe, hend es Würmli gseh.
Pic-pic-pic-pic-pic... findets allerlei.
Wenn die Vögeli müed sind, flüged s wider hei.

Ausgangsstellung: Die Hände werden hinter dem Rücken gehalten. Auf «Vogel-Vogelnäschtli» kommen sie zum Vorschein und bilden ein Nestchen. Das Hausdach vom «höche Huus» bilden die aneinander gelegten Hände auf dem Kopf. Die Händchen verwandeln sich nun in fliegende Vögel und steigen in die Höhe. Zum Würmchenpicken lassen sie sich auf die Tischplatte fallen und klopfen mit Zeigfinger und Daumen darauf. Zum Schlafen verschwinden sie wieder hinter dem Rücken.

Wibi-wäbi wupp
s Bättlers Ching si blutt.

Das Kind sitzt auf den Knien der Mutter,
sie klatscht im Takt mit den Händen.

Si hocke uf em Öfeli
und blätze ihri Höseli.

Hin- und herwiegen.

Si hocke uf em Stüeli
und flicke ihri Schüeli.

Vor- und zurückwiegen.

Do chunnt es wysses Chätzli
und nimmt ne ihri Plätzli.

Mit dem Finger auf das Kind zugehen.

Springt übere Bärg uf,
äne abe is Wirtshuus.

Mit zwei Fingern über den Bauch des
Kindes hinaufspringen.

Wibi-wäbi wupp,
s Wäbers Ching si blutt.
Si hocke uf em Stüeli
und plätze ihri Schüeli.
Do chunnt es wysses Chätzli
und nimmt ne ihri Plätzli.
Springt übere Haag us,
änefert abe is Wirtshuus.
Schläcket alli Täller, alli Glesli us.
Und: Plauderhose, Plauderhose...

Das Kind sitzt auf den Knien der Mutter.
Sie nimmt beide Händchen und kreuzt
die Arme des Kindes im Takt, abwechselnd
rechte Hand oben, rechte unten; bei
«übere Haag us» hebt man die Arme in
die Höhe, bei «Plauderhose» werden die
Kreuzbewegungen immer rascher.

Zwei Grossmüetti gseh enand
Fäuste machen, Daumen hochstrecken.

si gäh enand d Hand
Daumen kreuzen.

si winke enand
Winkbewegungen mit Daumen.

und verzelle enand allerhand vom Huus
Mit beiden Händen spitzes Dach bilden.

vom Rase
Hände von oben verschränken, so dass ein flaches Bödeli entsteht.

vom Boum
Einen Arm hochstrecken, Finger gespreizt als Äste.

vo de Blüemli
Eine Hand gespreizt, die andere quer über die Finger.

vom Lisme
Strickbewegungen

vom Sticke
Stickbewegungen

vom Kaffeetrinke
Mit einer Hand ein «Chacheli» bilden, mit der andern einschenken und trinken.

und vo de Müsli uf em Eschtrig.
Fäuste gegeneinander, mit den Zeigfingern das Dach bilden, die Daumen sind die Müsli.

Si frage: was mache ächt üser Grosschind?
Ausgangsbewegung

Da chöme si grad e ganzi Schar
Beide Hände kommen von unten her, Finger springen.

si bättle: dörfe mir uf e Chilch-
    turm ufe?
D Grossmüetti säge ja,
aber mir wei mit ech gah.
Ausgangsbewegung, Daumen nicken.

S darf keis zwitt ufe
Arm hochstrecken.

und keis zwitt use
Arm nach vorne.

und scho si si uf em Chilchturm
    obe.
Mit beiden Armen über dem Kopf eine
Spitze bilden.

Plötzlich gits e grosse Chlapf
Hände klatschen.

und alli falle ab.
Mit beiden Händen zu Boden.

Aber luegit da,
keis hett e Blätz ab,
keis hett öppis broche,
und keis isch chrank.
Hände hochnehmen, hin- und herdrehen
und zeigen.

D Grossmüetti säge: Gott Lob
    und Dank!

Die Kinder sitzen mit der Mutter um
den Tisch. Mit dem Daumen beginnen sie
auf den Tisch zu klopfen:

Mir spiled, mir spiled und fanged
  luschtig a,
und wenn der Dume nüme cha,
  so fanged mer mit em
  Zeigfinger a.
Und wenn der Zeigfinger nüme
  cha, so fanged mer mit em
  Mittelfinger a...

So kommen zuerst alle Finger an die
Reihe, dann die Fäustchen, die Ellenbogen,
die Füsschen (natürlich am Boden), dann
das Köpfchen. Zuletzt heisst es:

Und wenn das Chöpfli nüme cha,
  so fanged mer mit Schlafe a.

Alle Kinder legen den Kopf auf die Arme
und sind mäuschenstill, bis eines nach
einer Weile aufwacht und «Guten Tag»
sagt.

Kniereiter

Das Kind sitzt dem Spielleiter rittlings
auf den Knien und antwortet auf seine Frage
immer mit «jä, jä, jä». Der Spielleiter
bewegt seine Beine auf und ab, ausgenommen
bei der zweiten Frage, da wird
das Kind nach rechts und links hin- und
hergeschaukelt.

Joggeli kasch au ryte?
Jä, jä, jä.
Uff allne beide Syte?
Jä, jä, jä.
Hesch im Rössli Haber gä?
Jä, jä, jä.
Hesch im Rössli z trinke gä?
Jä, jä, jä.
Do macht das Rössli trip trip trap
und dr Joggeli dä fallt hinde ab!

Am Schluss streckt der Spielleiter seine
Beine aus und lässt den Reiter darauf
zurückfallen. (Während des ganzen Spiels
hält er das Kind an den Händen fest.)

Joggeli, Joggeli, chleine Ma,
meinsch, dass der Joggeli rite
 cha?
Jo, jo, jo!
Chasch au rite uf der Site?
Jä, jä, jä!
Chasch au rite in der Mitte?
Jo, jo, jo!
Do macht s Schimmeli trab, trab,
 trab,
wirft mi Joggeli hinte ab,
Plumpsack, do lit er!

Joggeli chasch ou ryte?
Ja, ja, ja.
Hesch d Bei uf beide Syte?
Ja, ja, ja.
Hesch äm Rössli z äs100 gä?
Ja, ja, ja.
Hesch em Rössli z trinke gä?
Nei, nei, nei!
De ryte mer zum Brunne
und ryte drümol ume,
do macht das Rössli tripp und
    trapp
und wirft dr Joggeli hinde ab!

Der Spielleiter stellt die Fragen und lässt das Kind dazu auf den Knien reiten. Der Joggeli unterstreicht seine Antworten mit Kopfnicken und Verneinen. Reittempo gegen Ende des Verses, vor dem Abwerfen, sehr beschleunigen!

So ryte die Herre, die Herre, die Herre

Das Kind sitzt rittlings auf dem Schoss, die Mutter macht langsame, sachte Reitbewegungen.

So ryte die Buure, die Buure, die Buure

Da der Bauer schneller als der Herr zu reiten pflegt, werden die Reitbewegungen stärker und schneller.

So ryte die Schelme, die Schelme, die Schelme

Die Schelme sind meistens auf der Flucht, deshalb werden nun die Reitbewegungen sehr heftig und schnell.

So ryte die chline Chind,
So ryte si, we si grösser sind!
Gnipi, gnapi, gnipi, gnapi!
Falle n abe, chöme n ufe,
falle n abe, blybe dunde!

Das Kind sitzt der Mutter auf dem Schoss. Sie hält es an beiden Händchen, spricht den Vers und lässt es dazu im Rhythmus auf beiden Knien reiten. Zuerst langsam, dann schneller, auf «gnipi, gnapi» hebt sie im Wechsel immer nur das eine Bein. Abschliessend lässt sie das Kind zwischen den Knien auf den Boden hinuntergleiten, zieht es wieder hinauf und endet auf «blybe dunde».

Rite, rite Rössli,
z Thun staat es Schlössli,
z Bärn statt es guldigs Huus,
lueget det drüü Jumpfere drus.
Die eint spinnt Siide,
die ander schnätzlet Chriide,
die tritt die gaat zum Brunne und
hät es Büebli gfunde (oder
   Maiteli).
Wie söll das Büebli heisse:
Gibeli oder Geisse?
Wär muess die Windeli wäsche?
Die alti Plaudertäsche!

Bei diesem Kniereiter lässt man das Kind am Schluss nicht fallen, sondern streckt die Köpfe kopfschüttelnd zusammen und reibt und putscht sich sanft gegenseitig Stirn und Nase.

Hotte, hotte Gäuli,
der Metzger sticht e Säuli,
der Müller sticht e roti Chueh,
Mueter darf i au derzue?
Nei, nei, nei, nei,
das isch gar e bösi Chueh,
die butscht eim, die butscht eim.

Bis zu «e roti Chueh» sprechen Mutter und Kind den Vers gemeinsam zum Kniereiten, dann hält die Mutter mit der Reitbewegung inne, und das Kind stellt seine Frage allein. Die Mutter verneint, unterstützt die Worte mit heftigem Kopfschütteln. Auf «die butscht eim» bohrt sie ihren Kopf in die Bauchgegend des Kindes.

Hoppe, hopperli, ho,
die Büebli rite e so,
uf emene schwarze Rössli,
zu emene schöne Schlössli,
do bricht das Rössli s Bei
und humplet hopperli hei.

Rite, rite, rari,
lauf i nit so fahri.
Rite isch e grossi Kunscht,
s isch scho mänge abeplumst.

Im Gäu, im Gäu, im Gäu,
da frässed die Rössli das Heu,
und d Hüehner der Haber,
    der Haber, der Haber,
drum sind die Rössli so mager,
so mager, so mager, im Gäu.

Auch hier steigert sich das Bewegungstempo von Zeile zu Zeile. Die magern Rösslein werden im «Wechselschritt» markiert, und auf «im Gäu» gleitet der Reiter zu Boden.

Rite, rite, Bäsema,
morn wei mer Hochzit ha.
Rite, rite, heie,
d Meitli gö i d Meie.
Rite, rite, rari,
rit i nid, so fahr i.
Rite, rite het mi gfreut,
s isch scho mänge abegheit.
Plumps!

Riti, riti, rari,
riti nid, so fahri.
Rite isch en Unterscheid
hätt scho mänge z Bode gleit.

Rite, rite, re,
en Riter hani gseh!
Er hät kei Strümpf
und nu ein Schueh.
Was söll jetz au
de Riter tue?
Rite, rite, ra,
so lömmer en nöd gah.
Mer wänd en abelah!

Es goht es Männli öbers Bröggli,
het es Säckli off em Röggli,
henkts an en Pfohl,
de Pfohl chracht,
s Mannli lacht,
es het i d Hose gmacht.

Schnyderli, Schnyderli, Schwäfelholz,
bis du numme nid so stolz!
Es settigs Schnyderli wie du eis bischt,
gheitme uf e Ghüddermischt!

Der Vater list Zytig
und d Muetter luegt zue,
jetzt plötzlich chlappet
de Liegestuel zue.

Hüpe, hüpe, hüre,
d Mueter geit uf Büre,
der Doktor weis nid wele Wäg –
drum geit er über Meinisbärg.

Kind auf «drum geit er übere Meinisbärg»
in die Höhe heben und dann wie bei
den andern Reitversen auf den Boden legen.

Hüpp, hüpp, hüpp und im Galopp,
lueg, wie lauft mis Rössli flott,
wie me will, Galopp und Trab,
s wirft di böse Buebe n ab.

Tross, tross, trülli,
der Bur het es Fülli,
s Fülli will nit laufe,
der Bur will s verchaufe,
s Fülli springt ewägg,
der Bur fallt i Dräck.

De Hans im Obergade
gheit i d Stube abe.
Goht wider ufe,
gheit nomol abe.
Goht wider ufe,
gheit nomol abe usw.
Goht nümme ufe.

Die Mutter hält das Kind auf den Knien, lässt es im Wechsel hinuntergleiten und zieht es wieder hinauf.

Reitervers (Romanisch)

Hoppa hoppa heia,
miu bab ha num Andreia.
Mua mumma ha num Lisetta,
che letga la cazzetta.

Übersetzt:
Hoppa hoppa heia,
mein Papa heisst Andreas.
Meine Mutter heisst Liesette,
die die Pfanne ausleckt.

Das Kind wird wie bei «Rite rite Rössli» auf- und abbewegt und zuletzt nach hinten fallengelassen.

Das Kind sitzt auf den Knien der Mutter und fragt:
Schuehmächerli, Schuehmächerli,
wenn machsch du mini Schueh?
Mutter:
Bald, bald.
Kind:
Wenn bald?
Mutter:
Wenn der Droht loht.
Kind:
Wenn loht der Droht?
Mutter:
Jetz loht er grad.
Dabei lässt die Mutter das Kind auf den Boden hinunterrutschen.

Das Kind sitzt im Reitersitz auf den Knien der Mutter.
Mis Chindli macht e Reis.
Es ritet uf der Geiss.
Und will si nüme fürsi gaa,
so blibt si halt es Wiili stah.
Mit den Reitbewegungen aussetzen.
Dänn seit si «Soo»
und springt devo.
Die Wippbewegungen werden immer schneller.
Grad wie nid gschid.
Und s Chindli liit,
i weiss nid wo,
oh... oh... oh...
Die Mutter lässt das Kind langsam von den Knien hinunterrutschen.
Du dummi Geiss!
Verbi isch d Reis.
Zuerst scheltend, dann tröstend.

Ein alter Posthalter
von siebzig Jahr Alter
wollt einst mit zwei Pferden
nach Korsika fahren.
Die Pferde, die Pferde,
die liefen im Trab
und warfen den alten
Posthalter hinab.

Kann als Kniereiter gespielt werden. Vielerorts stehen sich aber auch zwei Kinder oder eine erwachsene Person und ein Kind gegenüber und klatschen sich gegenseitig in die Hände. Auf jede Silbe fällt ein Schlag, aber nur jeder zweite wird mit dem Partner ausgeführt, der erste wird immer in die eigenen Hände geklatscht. (Ablauf des Klatschens zu «Ein alter Posthalter»: in die eigenen Hände, zusammen, in die eigenen Hände, übers Kreuz links, in die eigenen Hände, übers Kreuz rechts. Usw. Tempo gegen den Schluss des Verses steigern!)

Anschliessend eine Variante, die uns mit folgender Spielregel überliefert wurde:

Das Kind sitzt im Bett und hält beide Hände flach geöffnet nach oben. Im Takt des Verses schlägt die Mutter mit ihren Handflächen auf die Hände des Kindes. Zuerst rechts übers Kreuz, dann links, zuletzt auf beide Hände. Das Kind hält die Hände still.

Ein alter Posthalter
von siebzig Jahr Alter
kam einst mit zwei Schimmeln
von Russland geritten.
Die Schimmel, die Schimmel,
die waren so keck
und warfen den alten Posthalter
   in Dreck.

Hier wirft man das Kind mit beiden Händen zurück ins Kissen.

Fraueli, wottsch go Schiffli fahre?
«Ja, gern.»
Häsch nid Angscht vor Wind
   und Sturm?
«Nänei.»
Do wiggelets und waggelets, und
   s Schiffli das leert us, und s
   Fraueli fallt drus.

Das Kind sitzt auf den Knien der Mutter. Die Mutter stellt die Fragen, das Kind antwortet. Dabei bewegt die Mutter die Knie hin und her, zuletzt lässt sie das Kind auf den Boden kippen.

Es gwigelet, es gwagelet,
es goht e starke Wind.
Es gwigelet, es gwagelet,
es schauklet mi glai Kind.

Es gwigelet, es gwagelet,
und alli wärde nass.
Es gwigelet, es gwagelet,
mim Biebli (oder Maitli) macht
    das Spass.

Es gwigelet, es gwagelet,
und immer, immer meh –
es gwigelet und gwagelet
und s Kindli fallt in See!

Schaukelvers, bei dem das Kind rittlings auf dem Schoss sitzt, das Gesicht der Mutter zugewendet. Das Kind wird im Rhythmus nach links und rechts bewegt und beim letzten Vers (fallt in See) spreizt die Mutter die Knie und lässt das Kind gegen den Boden gleiten.

Allerlei

Haile, haile Säge,
d Katz sitzt uf der Stäge,
und wenn s Müsli füre kunnt,
isch mi Kindli wider gsund.

Heile, heile Säge,
drei Tag Räge,
drei Tag Schnee,
tuet em Chind scho nümme weh.

Häile, häile, Chätzli,
S Büsi hät vier Tätzli,
Vier Tätzli und en lange
   Schwanz –
Morn isch ales wider ganz!

Eusi Chatz het Jungi gha,
sibni, achti, nüni,
drü hei roti Pfötli gha
und Fläckli alli nüni.

Eusi alti graui Chatz
isch so gschyd u witzig,
we si d Stäge ufe geit,
so chert si ds Stili nidsig.

Gyge, Gyge, Tänzli,
ds Chätzli het es Schwänzli,
ds Chätzli het e Mus,
und jetzt isch s us.

Dr Schnider mit der Nodle
stüpft die Geiss is Bei.
Do foht si afoh meggere –
do springt der Schnider hei!

Bim Brünneli, bim Brünneli,
dört stoht e Birlibaum,
und wenn die Birli ryf si,
so chüechlet üsi Frau.
Und üsi Frau het gchüechlet,
het hundertsiebni g'macht,
und wenn mer alli ässe,
so hei mer nüt me Znacht.

Hepe Beppli schneppe Beppli
het s Röckli abrennt.
Do isch em sini Mueter
mit de Fitze no grennt.
Oms Hus ond om d Egg,
om de Stall ond om d Schür.
Hepe Beppli schneppe Beppli,
spil nome mit Für!

Hingerem Hus und vor em Hus
steit e lääri Bänne,
we di Buebe (Meitli) jährig sy,
gö si dri go gränne.

Hinger em Hus und vor em Hus
steit e lääri Kutsche,
we die Buebe jährig sy,
gö si dri go jutze.

Hinger em Hus und vor em Hus
steit e lääri Bänne,
wenn der Joggeli füre chunnt
de fot si afo renne.

Lirum larum Löffelstil,
wär das nid cha,
dä cha nid vil.

Lirum larum Löffelstil,
euse Joggeli weiss nid vil.
Fot er nit no z lehren a,
git er gwüs kei brave Ma.

Änige, bänige Tintenfass,
gang in d Schuel und lehr mir was.
Chunsch mer hei und chasch mer nüt,
nimmi d Ruete und fitz di dermit.

Unser Schulmeister
ist ein gelehrter Mann.
Schade, dass er nicht rechnen
und auch nicht schreiben kann.

Yvonneli, Yvonneli,
hesch du ne lange Hals.
Doch channsch ne strecke, wie de witt,
de gseesch halt doch nit alls.

Inestäche,
umeschlo,
durezie und
abeloo.

Lueg use, wie s rägnet,
lueg use, wie s schneit,
lueg use, wie s Schätzli
im Dräck ume gheit.

Bäremutzli, gib es Schmutzli,
Bäremutzli, gib es Schmutzli.

I bi ne chline Stumpe
rund und dick.
I tschauppe i ne Glungge,
Hui, das sprützt!

I bi en chline Stompe
ond ha no chorzi Bei,
wenn mer Du en Föfer gesch,
so goni wieder hei.

I by e glaine Stumpe,
ka numme umegumpe,
lache, tringge, schloofe,
bin y nit e Grosse?

I bin en chline Pumperniggel,
i bin en chline Bär,
so wie mi Gott erschaffe het,
so gwagglen i derhär.

Guete Tag, mon cher Papa!
Bisch du au scho wider da?
Parler français han i glehrt,
toute la boutique ganz verchehrt.
Notre chat het Jungi gha,
in ere petite Zaine.
Il m'a voulu z Gvatter ha,
mais je n'étais pas däheime.

Qu'est-ce que c'est,
was ist denn das?
L'encrier, das Tintenfass.
Le bœuf, der Ochs,
la vache, die Kuh,
fermez la porte,
die Türe zu.

Chrumm Bei, chrumm Bei,
gib mer e Wurscht, denn gangi hei,
gib mer zwei, denn bisch es Ei,
gib mer drei, denn simmer frei,
gib mer vier, denn simmer stier,
gib mer föif, denn simmer Wölf,
gib mer sechs, denn ischs mer recht,
gib mer sibe, denn bin ich zfride,
gib mer acht, denn säg ich guet Nacht,
gib mer au no s Schwänzli,
denn mach ich grad es Tänzli.
Die Mutter tanzt zuletzt mit dem Kind im Kreis herum.

Am Fritzistoller-Bärgli,
do wohne siebe Zwärgli,
die bauet a der Reine
es Stedtli unter de Steine.
Und z obig denn, wenn s dunklet
am Himmel d Stärnli funklet,
denn schlüfets still wie d Müsli
durs Chemi ab is Hüsli
und rüefet uf der Winde:
«Guet Nacht, guet Nacht, ihr Chinde!»
Zwergstimme nachahmen!

Es sich emal e Ma gsy,
dä het e hole Zahn gha.
I däm Zahn isch es Trückli gsy,
i däm Trückli isch es Briefli gsy,
i däm Briefli het s gheisse:
es isch emal e Ma gsy... usw.

Was für es Fuhrwerk chunt au da,
und was für Rössli ziend au dra?
Es subers Pärli, ei min Troscht.
Aha, das isch ja d Schnägge-
   poscht.
Das söl mer au es Fahre si,
do chunt mer währli niene hi,
wänn d Schnäggli ziend,
da isch fürwahr,
die Freud am Fahre sunderbar.

Söll ich eu öppis verzelle,
vo sibe Gselle,
wo nöd händ welle
Härdöpfel schelle?
Do chunnt de Meister mit der
   Chelle,
potztusig, jetzt händ si welle
Härdöpfel schelle!

D Bure ässed Chrut mit Späck,
d Heere ässed Schnäpfedräck,
und euserein söll nie nüt ha
als Gschwellti mit der Schale dra!

Soll i dir e Gschicht verzelle
vo der Tante Delle?
Die Tante het e Garte,
und das isch e Wundergarte.
In däm Garte hett s e Wäg,
und das isch e Wunderwäg.
An däm Wäg do stoht e Baum,
und das isch e Wunderbaum.
Uf däm Baum do hett s en Ascht,
und das isch e Wunderascht.
An däm Ascht do wachst e Zwyg,
und das isch e Wunderzwyg.
Uff däm Zwyg do hett es Näscht,
und das isch e Wundernäscht.
In däm Näscht do ligen Eier,
und zwar sin das Wundereier.
Us den Eier schlupfe Hase,
und die bisse di in d Nase.

Beim letzten Vers zwickt man das Kind
leicht in die Nase.

Im töife, töife Tannewald
da wohnt der Robärt Huuser.
Er isch en alte, alte Ma.
Vo Bruef da isch er Muuser.
Dä Muuser mit em Chrätteli
er geit dür alli Mätteli
ga Müüs u Schäre fa.
Er geit se hei ga brate,
u muess e Lengi warte,
bis er eini ässe cha.

Wau, wau, i bi der Spitz,
wau, wau, pass uf, Fritz,
hör uf jetz mit dim Stäcke,
i laa mi nid la necke!
Wau, wau!

Wau, wau, i bi der Spitz,
wau, wau, i säg ders Fritz!
Wau, wau, tue mi nid plage,
süsch geits der de a Chrage!
Wau, wau!

Der Spielleiter neckt das Kind mit diesem
Sprüchlein. Er ahmt Stellung und Stimme
des Hündchens nach. Sobald das Kind das
Sprüchlein beherrscht, werden die Rollen
vertauscht.

Schlirpi, schlärpi Schlarpischue,
Hansli, zie doch d Schüeli zue
Und tue d Bändel binde.
Nu die fuule Chinde
Schlirped, schlärped, schlarped
  soo
Mit den offne Schue dervoo.

Ringel ringel Rose,
d Muetter blätzed d Hose.
Dr Hansli leit se wieder a
und meint, er sig e grosse Ma.

Tigge tagge toone,
schwarzi Kaffibohne,
rabeschwarze Kaffisatz,
hundert Schmützli für e Schatz.

Buute buute heie,
es goht en Maa i d Meie,
hät wiiss und rooti Stifeli faal,
git im Meiteli au e Paar.
S Paar um sibe Chrüüzer.
Noch so tüür und noch so tüür,
s Meiteli mo no warte hüür.
S Meiteli wartet gerne.
Am Himmel sind zwei Sterne,
im Himmel isch die ewig Rueh.
Meiteli, to d Äugli zue!
Tos zue, tos zue und nümme uf,
bis dan i chumm und weck di uf!

Oh heieli, oh heieli,
was het de üses Meieli?
S het Blüemli gsuecht im Mätteli,
i ds nagelneue Chrätteli.
Da falle Rägetröpfli,
em Meieli uf ds Chöpfli.
Und anstatt heizue z wädele,
tuet äs im Räge bädele.
Jetz isch es tripftropf-pudelnass.
Jä, ds Müetterli versteit kei
    Gschpass.
Es holt ins hei i ds Hüseli,
und schüttelt s a de Chrüseli!
Jä, gäll, jetz hesch es Chümmerli,
oh, Meieli, du Dümmerli!

Fraueli säg, wo chunsch du här?
«Vo Züri obe ache.»
Was hesch i dim Chörbli?
«Schöni, schöni Matteröseli.»
Wie mängs gisch für ne Batze?
«Eis, zwöi, drü...»
Warum nit vieri, föifi?
«Jä weisch, mi Maa bauged
    (schimpft) drum.»
Hesch du o ne Maa?
«Ja, o ja, u nes Geissli u nes
    Böckli.»
Gä si o Miuch (Milch)?
«I chume nid vo Innertchiuch
    (Innertkirchen)!»
Fraueli, i glaube du ghörsch nid
    wohl...
«Momou, e ganze Chübu voll.»

Es chunnt der Herr Vetter vo
    Pfludere
mit syner Frau Base vo Pfludere.
Si pfludere der Pfluderbärg uf,
si pfludere der Pfluderbärg ab,
und unde am Pfluderbärg stöh
    drei Pfluderänte.
Die erschti heisst Binka,
die zwöiti heisst Bibliabinka,
die dritti heisst Chnichnachnoblia-
    bobliabinka.

Uf em Biba-Bohnebärg steit es
    Biba-Bohnehuus.
I däm Biba-Bohnehuus wohnt e
    Biba-Bohnemuetter.
Und die Biba-Bohnemuetter het
    e Biba-Bohnebueb.
Und dä Biba-Bohnebueb geit i d
    Biba-Bohneschuel.
I der Biba-Bohneschuel hets e
    Biba-Bohnelehrer.
Und dä Biba-Bohnelehrer het e
    Biba-Bohnestäcke.
Und dä Biba-Bohnestäcke tuet de
    Chinder d Händ abschläcke.

Melodie: Fuchs, du hast die Gans gestohlen

Lueg, es Äntli goht spaziere,
s lauft dervo allai:
me brucht mi jo nimme z fiehre,
bi jo nit so klai.

Äntli, Äntli, loss der s rote,
sig du nit so dumm,
denn der Fuchs frisst gärn e Brote,
kehr du lieber um.

Scho isch s z spot, do kunnt er fire,
rennt im Äntli noo.
Gligglig kunnt s no bis and Tire,
lauft nie me dervo.

S Anneli chochet en Öpfubri,
es stöut ne unger d Stäge.
D Hüehner chöme und chlöpfe dri,
dr Güggu geits go säge.

Schnabelwetzer

Bschütt zwöi Bett Spinet.

Dr Papscht het s Späckbsteck z
spät bestellt.

Schnäll, schnäll d Schnalle a d
Schue!

Das sind alles Schnellschnabel-
wetzspruchsprichwörter.

Z Schwyz schynt d Sunne
und wenn si z Schwyz nid schynt,
so schynt si z Brunne.

Schang stand uf,
d Sunn schynt scho!

Zwischen zwei Zweigen
zwitschern zwei Schwalben.

Figgeli, fäggeli, Ronimus,
d Monika fahrt im Omnibus,
d Monika fahrt im rote Pfil
schuss, schuss, schuss uf Rappers-
    wil,
schuss, schuss, schuss uf
    Mettmestette,
kauft sich dert e neui Chette.
Schuss, schuss, schuss uf
    Sanngalle,
chauft sich dert e neui Balle.
Schuss, schuss, schuss uf
    Frauefeld,
dert verputzt sie alles Gäld.

Ja gell, so geits.
Es geit und geit
bis s nüme geit,
so geits denn glich.
Ja gell so geits.

D Frau Immer
ds Sankt Immer
meint immer
s gang schlimmer
mit ihrem Herr Immer
im Zimmer.

Üses Lüti lütet lüter
weder Lüthis Lüti lütet.

Du da,
der du die da,
und du da,
die du dir den da
zum Gatten auserkoren,
liebet euch.
U we der enandere wänd,
so gät enandere d Händ.
Im Namen des Gesetzes,
i drei Minute hets es.

Schälle Si nid an säller Schälle,
sälli Schälle schälled nid.
Schälle Si an säller Schälle,
sälli Schälle schället.

Dr Gigeboge isch im Gige-
  chaschte.

Wenn dä choge Chirsichratte
nid im Chuchichaschte stoht,
denn cha d Chöchi chum
cho Chracher-Chirsi choche.

Chlini Chinder chugele gärn mit
  Chugele.
Ja, mit Chugele chugele chlini
  Chind gärn.

Hans, gang schlah der Ober-
  gadenagu obe nabe ine.

Der Kutscher putzt den Post-
  kutschenkasten.

Der Kaplan klebt Plakate.

Pootz –
Chüngelibock, Eiertätsch, Nudle-
  teig, Kaffeesatz, Hüehner-
  dräck, Fleugepapier.

Dass di doch de tusigs Tüfels
   Dieb
dur das dräckig Dorf dure
   träge deet!

Wenn din Bueb mim Bueb
   nomol seit Bueb,
denn chunnt min Bueb und haut
   din Bueb,
dass din Bueb mim Bueb nümme
   me seit Bueb.

Beck back Brot,
Bueb brings bald.

Bürsten mit schwarzen Borsten
   bürsten gut,
Bürsten mit weissen Borsten
   bürsten besser.

Herr von Hagen,
darf ich's wagen,
Sie zu fragen,
wieviel Kragen
Sie getragen,
seit Sie lagen
krank am Magen
im Spital zu Kopenhagen.

Fischers Fritz fischt frische
   Fische,
frische Fische fischt Fischers
   Fritz.

Morn am Morge muess der
   Metzger
mis magere Muneli metzge.

Meischter Müller,
mahl mer mis Malter Mähl,
morn muess mer mi Muetter
Milchmues mache.

Früh in der Frische
fischen Fischer Fische.

Es flüge feuf Vögeli
vor feuf Fäischter verbi.

Es het mer träumt,
es heig mer träumt,
es heig mer zwöimal
s gliche träumt.
Isch denn das nit überträumt,
wenns eim träumt,
es heig eim träumt,
es heig eim zwöimal
s gliche träumt?

Metzger wetz mer ds Metzger-
   mässer,
Metzger wetz mers guet.

Am Mändig am Morge muess mer
der Metzger Mosima mi mageri
   More metzge.

Hinder s Hans-Heiris Hus
hange hundert Heerehemmli uf.

Voulez-vous Schnäggli fa
hinger der Schitter-la big-ela
   comme ça?

Hätt der öppen öpper öppis ta?

Z Züri uf der rote Brugg
hätts drü türri leeri Röhrli.
Und dur die drü türre leere
   Röhrli
lehre d Lüt recht rede.

Dreihundertdreiunddreissig
　riesige rote Reiter
reiten um das rote Rothenburger
　Rathaus.

D Isabelle
het mi welle
mit der Chelle
d Stägen abe schnelle.

We Wasser Wy wär,
wi wette wältschi Walliser
　Wöscherwyber
wüeschti Windle wieder wyss
　wäsche?

Wenn mancher Mann wüsste,
wer mancher Mann wär,
gäb mancher Mann manchem
　Mann
manchmal mehr Ehr.

Chabis imache,
Chabis imache usw.

Hinderem Hus isch Ys,
hinderem Hus isch Ys usw.

Grossvaters Eiche
Grossvaters Eiche usw.

Sportabzeichen,
Sportabzeichen usw.

Hirsch heiss ich,
Hirsch heiss ich usw.

Verkehrte Welt und Lügenmärchen

Hans stang uf,
leg d Stägen a,
spring d Hosen ab,
zünd dChue a,
d Latärne wott chalbere.

Wach Anneli, wach Anneli,
mach uf und stand es Liecht,
es lauft es Hus im Geischt herum,
i fürcht, dass mer s gsieht.
Zünd s Chuehli a, zünd s Chuehli a,
s Latärnli wott es Chälbli ha.
Mach, dass der Tag im Ofe hesch,
und wenn der Teig am Himmel
    stosst
und wenn das Chessi im Wasser
    chocht,
so träg der Tisch uf d Suppe.

Euses Ross het Hosen a,
dr Muni e blaui Chutte.
Und wenn de mir nit glaube witt,
so chasch in Stall go gugge.

Schneewissi Chraie u brand-
    schwarze Schnee,
i ha mir Läbtig no nüt eso gseh.

Im Grinderhund einer Grappel-
    puppe
sass ein Leichenzehrer
und zeichnete die Rattenschisse
seiner frehligen Sau.
Diese sass auf einem Hosenrügel
und nähte an einem Schilefürz-
    chen.

Im Hintergrund einer Pappelgruppe sass
ein Zeichenlehrer und zeichnete die
Schattenrisse seiner seligen Frau.
Diese sass auf einem Rosenhügel und
nähte an einem Filetschürzchen.

Eine Kuh, die sass im Schwalbennest
mit sieben jungen Ziegen.
Die feierten ihr Jubelfest
und fingen an zu fliegen.
Der Esel zog Pantoffeln an,
ist übers Haus geflogen,
und wenn das nicht die Wahrheit ist,
so ist es doch gelogen.

Vorigen Handschuh verlor ich meinen Herbst,
da ging ich ihn finden, bis ich ihn suchte.
Da kam ich an eine Guckt und schluchte hinein,
da sassen drei Stühle auf drei grossen Herrn.
Da nahm ich meinen guten Tag und sagte:
«Guten Hut, meine Herren,
da bring ich drei Paar Strümpfe für drei Pfund Garn.
Sie sollten morgen fertigwerden,
dass ich sie heute noch anziehen kann.»

Des Abends wenn ich früh **auf**steh,
des Morgens wenn ich zu Bette geh,
dann krähen die Hühner, dann gackert der Hahn,
dann fängt das Korn zu dreschen an.

Die Magd, die steckt den Ofen ins Feuer,
die Frau, die schlägt drei Suppen in die Eier,
der Knecht, der kehrt mit der Stube den Besen,
da sitzen die Erbsen, die Kinder zu lesen.

O weh, wie sind die Stiefel geschwollen,
dass sie nicht in die Beine wollen.
Nimm drei Pfund Stiefel und schmier mir das Fett
und stell mir vor die Stiefel das Bett.

Dunkel war's, der Mond schien helle,
Schnee lag auf der grünen Flur,
als ein Wagen blitzesschnelle
langsam um die Ecke fuhr.

Drinnen sassen stehend Leute,
schweigend ins Gespräch vertieft,
als ein totgeschossner Hase
auf der Sandbank Schlittschuh lief.

Und ein blondgelockter Jüngling
mit kohlrabenschwarzem Haar
sass auf einer blauen Kiste,
die rot angestrichen war.

Neben ihm eine alte Schrulle
von kaum fünfzehn Jahr,
in der Hand ne Butterstulle,
die mit Schmalz bestrichen war.

Holder Engel, süsser Bengel,
hochverehrtes Trampeltier,
Augen hast du wie Korallen,
alle Ochsen gleichen dir!

Sauerkrautlatein

Bluménto-Pferde
Blumentopferde

Protóni-Wurst
Brot ohni Wurst

Bodénse, Walénse, Genférse
Bodensee, Walensee, Genfersee

Was sérgelte? Kuh pférgelte
Wassergelte, Kupfergelte

Was sehr zu Béer, Kuh pfér zu
  Béer
Wasserzuber, Kupferzuber

Ich émpfele mich der Géselschaft mit géribénem Schnupftabak.
Ich empfehle mich der Gesellschaft mit geriebenem Schnupftabak.

Mäiedäbtau?
Mähen die Äbte auch?

Le chapeauteau
Lösch ab, Otto.

Wóni bile dixi,
is mirám wolstexi.
Won i bi ledig gsi,
isch s mir am wohlschte gsi.

Magdalena, wéndentum,
Sonstbréntsian.
Magdalena, wend die Ente um,
sonst brennt sie an.

Heléna kerdéntum,
Sustbröntsia.
Helena, cher d Änte n um,
süsch brönnt si a.

Osterbén onéglauben
ist ewiges véterben.
O sterben ohne Glauben
ist ewiges Verderben.

Ich sass an meinem schipfenstér-
chen
mit meinem kleinen urenkélchen.
Da kam ein kleines géspenstér-
chen
und zupfte mich am hémdermél-
chen.
Ich sass an meinem Schiebfensterchen
mit meinem kleinen Urenkelchen.
Da kam ein kleines Gespensterchen
und zupfte mich am Hemdärmelchen.

Rábsandas, Máusmelas,
Kúklefand, densias.
Rab Sand ass, Maus Mehl ass,
Kuh Klee fand, den sie ass.

Dikuránte bissifil,
Sifil aufirórum.
Die Kuh rannte, bis sie fiel,
sie fiel auf ihr Ohr um.

Dikurántum sérum.
Die Kuh rannte um den See herum.

Curéntem fino.
D Chue rennt em Vieh no.

Curénggassuff, Curénggassab.
D Chue rennt Gass uf, d Chue rennt
Gass ab.

Curenti, purtuti lamenti.
D Chue rennt i, der Bur tuet die lahm
Ente n i.

Kúfortist, Stálleerist.
Kuh fort ist, Stall leer ist.

alasi,
alasér,
essigosi,
salátasér.
Aal ass sie,
Aal ass er,
Essig goss sie,
Salat ass er.

Habénsi digúti, unpalténsi
Miniur bisi góma gosióla.
Haben sie die Güte und behalten sie
meine Uhr, bis ich sie holen komme.

Si legendarum indicasse
da mites dicant se statuisse.
Sie legen darum in die Kasse,
damit es die ganze Stadt wisse.

Sufrab neheg snägeid,
Leff öl mural muril.
Heisst rückwärts gelesen:
Lirum larum Löffel,
die Gäns gehen barfuss.

bénam Séter
énter Peter
uren Kél.
Benamseter
enterbter
Urenkel.

Felix, pax filia!
Veters canonici!
Musici?
Beim Anspannen des Pfluges sagt der
Vetter: «Felix, pack s Viehli a!» Dieser
antwortet: «Vetter, es cha no nig zieh!»
Und der Vetter ruft aufgebracht: «Muss i
zieh?»

Verse zum Zeichnen

Punkt, Punkt, Komma,
  Gedankenstrich,
lueg au do das Affegsicht!

Der Mond ist rund, rund, rund,
hat zwei Augen, Nas und Mund.

Doppelpunkt, Fragezeichen,
  Gedankenstrich,
gibt des Menschen Angesicht.

Schrib «doof» verbunde!

Do ne Strich und do ne Strich!

Herr Profässer, Brötlifrässer,

das bisch du!

I bin i d Metzg gange
und han e Brotwurscht kauft,
denn han i es Weggli kauft,
denn bin i zur Frau Meier gange
und ha zwöi Eier kauft,
denn bin i in d Wirtschaft gsässe
und han es Pepsi bstellt.
Nächär bin i uffe ne Baum
    klätteret
und ha dä Öpfel gstole!

Eine Tanne
und noch eine Badewanne
und dann noch zwei Spiegeleier,
ist das nicht Frau Meier?

Punkt, Punkt, Komma, Strich,
fertig ist das Angesicht,
und zwei spitze Ohren,
so wird sie geboren.
Ritze, ratze, ritze, ratze –
fertig ist die Miezekatze.

Pünktli, Pünktli, Komma, Strich,
fertig isch das luschtig Gsicht.

Ohreläppli, Ohreläppli,
und es luschtigs Zipfelchäppli.

Obe rund und une rund,
und das Männli, das isch gsund.

Punkt, Punkt, Komma, Strich,
fertig ist das Angesicht.
Ohrenläppchen, Ohrenläppchen
und ein schönes Zipfelkäppchen
und zwei Stecklein unten dran,
und dann kommt das Rumpelfass,
rumpedi, rumpedi, was ist das?

Punkt, Punkt, Komma, Strich,
fertig ist das Mondgesicht.
Und zwei kleine Ohren dran:
fertig ist der Hampelmann.

Ich und du,
Müllers Kuh,
Müllers Esel,
das bist du!

Das ist eine grosse Acht!
Wie schnell ist doch dies
Männchen schon gemacht!

E Chines,
dä het e Ches,
dä het zwei Auge,
und alli düen ihm glaube.
Dä het zwei Arme und zwei Bei,
mit dene springt er hurtig hei.

E Huet,
dä passt däm guet,
e Buch
und e Garteschluch,
zwöi Ouge,
Donnerwätter,
däm muesch fouge!

Punkt, Punkt, Komma, Strich –
und fertig ist der kleine Wicht.

Zwöi Rölleli
und no nes Bölleli,
und no ne Strich derdur,
isch das nid d Frau Rütli-Schwur?

Punkt, Punkt, Gedankenstrich,
git das nid es Angesicht?
Ohreläppli, Ohreläppli,
und derzue es Zipfelchäppli,
obe Chrut und unde Rüebli,
git das nid es härzigs Büebli?

Pünktli, Pünktli, Komma, Strich,
fertig ist das Angesicht
und dann noch zwei Ohren-
 läppchen
und dazu das Zipfelkäppchen.
Käse, Käse,
runde Butter,
fertig ist die Schwiegermutter.

Punkt, Punkt, Komma, Strich,
fertig ist das Angesicht.
Ein Pfund Käse,
ein Pfund Butter,
fertig ist die Schwiegermutter.

Ein Ei, nein lieber zwei,
eine Nase, wie ein Hase,
ein Mund, wie ein Hund.
Ist dies Gesicht nicht kugelrund?
Eine Erbse und zwei Beiner,
fertig ist der Heiner.

«Frau Meier, i hätt gärn zwei Eier,
und e Zigerstöckli
und e Wurscht,
dien s mer alles zämme e wenig ymache.
Zwei Kabisbletter,
e Kochangge
und drei Hosegnöpf
und au das wider e wenig ywiggle.
Zwei Bäseli,
so, das wär's!»
«Danggeschön, Frau Müller,
alles zämme koschtet 66 Frangge!»

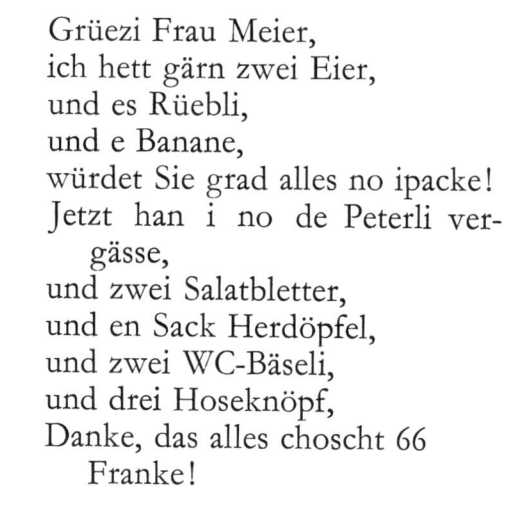

Grüezi Frau Meier,
ich hett gärn zwei Eier,
und es Rüebli,
und e Banane,
würdet Sie grad alles no ipacke!
Jetzt han i no de Peterli vergässe,
und zwei Salatbletter,
und en Sack Herdöpfel,
und zwei WC-Bäseli,
und drei Hoseknöpf,
Danke, das alles choscht 66 Franke!

Ich ha kauft: e Tomate.
Ich ha kauft: zwei Eier.
Ich ha kauft: es Rüebli.
Ich ha kauft: e Banane.
Ich ha kauft: es Brot.
Ich ha kauft: Stahlwulle.
Ich ha kauft: zwei Fige.
Ich ha kauft: sechs Medizin-
    schächteli.
Ich ha kauft: zwei Weggli.
Ich ha kauft: zwe Schissiputzer.

I bi i Lade go ichoufe:
zwöi Däfeli,
es Stück Chueche,
e Banane.
zwe Orangsche.
«Frölein, düet mer das in e Sack
    ine,
obe grad zuebinde!
O je, i ha no zwöi Brätzeli ver-
    gässe...»
De bini i d Metzg gange
und ha e kochte Schinke kouft.
De bini zum Beck gange
und ha es Pariserbrötli kouft.
De bini zum Wihändler gange
und ha zwe Fläsche Rote kouft:
«Jetzt lueg ou do a,
isch das nid s Frölein Dora?»

Do isch es Wirtshus gsi,

△

und das isch e Ma,

△

dä het grüeft:
«Frölein, bringet mer es Glas
   Bier!
Und no eis und no eis und no
   eis!»

෴

De isch er ufgstande
und het hei wölle ga.
Hinderem Hus isch s em schlächt
   worde,
er hett grad müesse chötzle.

↯

Do isch d Wirti usem Hus cho z
   springe
und het grüeft: «E, Ma, was sit
   dir für nes Söili!»

Zerscht es M,
dänn es O,
dänn es C,
dänn do es W,
und do es W,
und dänn do es S.
Schrib din Name do dri!
Jetz verbindemer alli die Buech-
   stabe –
jetz gsesch was d bisch!

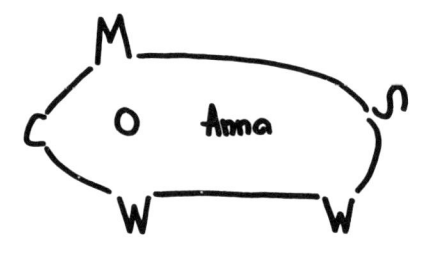

Es isch emol e König gsi,
dä het imene Schloss gwohnt. (1)
Das Schloss het e grosse Garte
  gha,
i däm Garte isch e grosse Weier
  gsi. (2)
Dä König het öpis wichtigs
  verlore.
Er het sini Diener usgschickt go
  sueche. (3)
Sie si vom Schloss us düre Garte
  gloffe und gloffe,
ume Weier ume und hei gsuecht
  und gsuecht
und wo si zrugcho si, hei sis
  grad gfunde!
Was isch s?

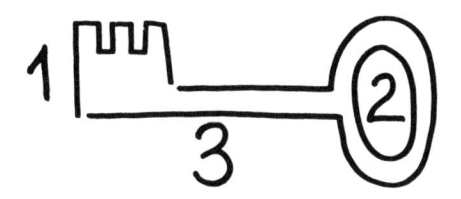

Das ist das Haus von Nikolaus.
Auf jede Silbe wird ein Strich gezogen.
In der Ecke unten links beginnen.

Das ist

das Haus

von Ni-

ko - laus.

S Vreneli isch id Schuel gange.

Man zeichnet dem Partner mit Filzstift die Handkonturen nach.

I de Schuel häts gmerkt, dass es de Turnsack vergässe hät und isch zruggange.

Man zeichnet die Konturen rückwärts.

Dänn häts de Turnsack id Schuel pracht und dänn häts gmerkt, dass es s Läsibuech au vergässe hät und isch zruggange.

Wege hin und zurück werden immer als Handkonturen nachgezeichnet.

Und dänn isch em in Sinn cho, dass es s Singbuech vergässe hät und es hät en chürzere Wäg usegfunde…

Man fährt dem Kind mit dem Filzstift quer über die Hand!

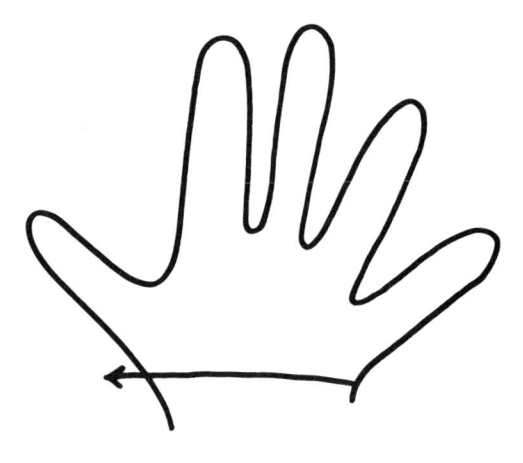

D Grossmamme goht in Park.
Si sitzt uff e Bänggli.

Do wird s ere langwylig und si goht
zem näggschte Bänggli.

Dört verleidet s ere wider,
drum goht si zum dritte Bänggli.

Jetzt dänggt si, ass es uf em zweite doch meh Sunne hett und goht zrugg.

Zletscht findet si s uff em erschte doch am schönschte und wo si dört akunnt, merkt si plötzlig, ass si ihri Unterhose vergässe hett…

Inhaltsverzeichnis:

Geleitwort von Susanne Stöcklin-Meier   5

Tändeleien   13

Äugeli, Äugeli, Näseli, Näseli	18
Anke stosse (2 Varianten)	22
Anke stungge	22
Auge zue und Mul uf	17
Chasch du au pfiffe?	25
Chineli, Mineli	19
Chrugeli, mugeli	25
Chüneli, Müneli	19
Da chunt e Muus	19
Das sind die zwei Lichterl	16
De Hansli uf der Höhni	21
Do häsch en Taler	15
En grade Strich	17
Es chunnt e Ma e Spanne lang	21
Es chunnt en Bär	21
Es chunt es Müseli	21
Es Wägli, es Stägli	15
Fänschterli zue	16
Flitsch, flatsch	20
Gling, glang, Gloggestrang	16
Gribeli, gräbeli, gigs Fingerli	18
Guggus, wo bisch du?	16
Händli wäsche, suber wäsche	20
I weis e Witz	22
I will di lehre Sidigs webe	23
Jetz wemmer no es Rössli pschlage	24
Kommt s Mäuschen gekrochen	21
Lange Wäg, breite Wäg	18
Liebs Büseli	17
Mer wänd s Rössli bschlah lah	23
Müli uf und Auge zue	17
Mueter, Vater, i ha Hunger	17
Mueter, Vater, lueg au do	17
Mütschli bache	23
Müllerli drüllerli	25
Nani Puppele	25
Rite, heie, bute	24
Rössli bschlah, Rössli bschlah	24
Schuemächerli, Schuemächerli, schlag Negeli bis gnueg	24
Schuemächerli, Schuemächerli, was choschte mini Schueh?	24
S chunt e Bär	21
Sige, sage, Holz entzwei	23
Sigi, sagi Wassersagi	23
Stupf Veegeli	19
Tällerli wäsche	20
Wie gross isch s Meiteli?	17
Windeli, wändeli	25
Wotsch en Eiertätsch?	16

Abzählreime 27

A ce, Bölle schäle	31
Äne, däne, diadee	29
Änedäne dübedäne	29
Äne, däne, dube, däne	29
Ani vani türki tani	29
Eins, zwei, drei, Butter auf den Brei	30
Eins, zwei, drei, es chunt e Polizei	30
Eins, zwei, Polizei	30
Eis, zwei, drü, higgi, häggi, hü	31
Eis, zwöi, drü, bim, bam, bü	30
Elleri, sellerli, ribedira	29
Em dem dubinem	29
Ene, bene, subtrahene	30
Ene, tene, tupetene	29
Eni, beni, subtraheni	30
Lang und churz	31
Zehn, zwanzig, dreissig	31

Fingerverse 33

Dä do putzt d Schueh	38
Dää gaat uf Afrika	36
Dä gaht go Birrli schüttle	37
Dä hät uf em Märt en Stand	39
Dä isch in Bach gfalle	35
Dää räist dur d Wält	37
Dää rüeft: Füürio!	36
Dä seit: bim Räge, da wird me nass	37
Dä seit, bim Räge, do wird me nass	36
Dää sitzt still und froh am Tisch	36
Dä tuet Zytig läse uff em Bänggli	36
Das isch de Papi	38
Das isch der Beckersma	40
Das isch der Dume	35
Das isch der Herr Tuume	35
Das isch der Vater	38
Das isch es Dach	42
Das isch s Nanettli	39
Das sind föif Brüederli	41
De Herr Tuumetick im erschte Stock	37
Die allerschönschte Pflume	40
Es sin emol fimf Stimpe gsi	39
Föif Söili chömed z lauffe	40
Grüezi, i bis dick Babettli	35
Himpelchen und Pimpelchen	41
Mir spiled, mir spiled	46
Vogel-Vogelneschtli	42
Wibi, wäbi, wupp, s Bättlers Ching si blutt	43
Wibi, wäbi, wupp, s Webers Ching si blutt	43
Zwei Grossmüetti gseh enand	44

Kniereiter 47

De Hans im Obergade	54
Der Vater list Zytig	53
Ein alter Posthalter	56
Es goht es Mannli öbers Bröggli	53
Es gwigelet, es gwagelet	57
Fraueli, wottsch go Schiffli fahre?	56
Hoppa, hoppa, heia	54
Hoppe, hopperli ho	52
Hotte, hotte, Gäuli	52
Hüpe, hüpe, hüre	53
Hüpp, hüpp, hüpp	54
Im Gäu, im Gäu	52
Joggeli, chasch au ryte?	50
Joggeli, Joggeli, chleine Ma	49
Joggeli, kasch au ryte?	49

Mis Chindli macht e Reis	55	I bin ne chline Stumpe	64
Rite, rite, Bäsema	52	I by e glaine Stumpe	64
Rite, rite, rari	52	Im töife, töife Tannewald	67
Rite, rite, re	53	Lirum larum Löffelstil	63
Rite, rite, Rössli	51	Lueg, es Äntli goht spaziere	70
Schnyderli, Schnyderli, Schwäfelholz	53	Lueg use, wie s rägnet	64
Schuemächerli, Schuemächerli	55	Oh heieli, oh heieli	68
So ryte die chline Chind	51	Qu'est-ce que c'est	65
So ryte die Herre, die Herre, die Herre	50	Ringel ringel Rose	67
Tross, tross, trülli	54	S'Anneli chochet Öpfubri	70
		Schlirpi, schlärpi, Schlarpischue	67
		Söll ich eu öppis verzelle	66
Allerlei	59	Soll i dir e Gschicht verzelle	66
		Tigge tagge toone	68
Änige, bänige Tintenfass	63	Uf em Biba-Bohnebärg	69
Am Fritzistoller-Bärgli	65	Unser Schulmeister	63
Bäremutzli, gib es Schmutzli	64	Was für es Fuhrwerk chunt au da?	66
Bim Brünneli, bim Brünneli	62	Wau, wau, i bi der Spitz	67
Buute, buute, heie	68	Yvonneli, Yvonneli	63
Chrumm Bei, chrumm Bei	65		
D Bure ässed Chrut mit Späck	66		
Dr Schnider mit der Nodle	62	*Schnabelwetzer*	71
Eusi alti graui Chatz	61		
Eusi Chatz het Jungi gha	61	Am Mändig am Morge	76
Es chunnt der Herr Vetter vo Pfludere	69	Beck back Brot	75
Es isch emal e Ma gsy	66	Bschütt zwöi Bett Spinet	73
Fraueli säg, wo chunnsch du här?	69	Bürsten mit schwarzen Borsten	75
Guete Tag, mon cher Papa	65	Chabis imache	77
Gyge, gyge, Tänzli	61	Dass di doch de tusigs Tüfels Dieb	75
Häile, häile, Chätzli	61	Das sind alles Schnellschnabelwetz-	
Haile, haile Säge	61	spruchsprichwörter	73
Heile, heile Säge	61	Der Kaplan klebt Plakate	74
Hepe Beppli, schneppe Beppli	62	Der Kutscher putzt	74
Hingerem Hus und vor em Hus	62	D Frau Immer	73
I bin en chline Pumperniggel	64	D Isabelle	77
I bin en chline Stompe	64		

Dreihundertdreiunddreissig riesige rote Reiter	77		Verkehrte Welt und Lügenmärchen	79
Dr Gigeboge isch im Gigechaschte	74		Des Abends, wenn ich früh aufsteh	82
Dr Papscht het s Späckbschteck	73		Dunkel war's, der Mond schien helle	83
Du da, der du die da	74		Eine Kuh, die sass im Schwalbennest	82
Es flüge föif Vögeli	76		Euses Ross het Hose a	81
Es het mer träumt	76		Hans stang uf	81
Figgeli, fäggeli Ronimus	73		Im Grinderhund	81
Fischers Fritz	75		Schneewissi Chräie	81
Früh in der Frische	76		Vorigen Handschuh verlor ich	82
Grossvaters Eiche	77		Wach Anneli	81
Hans, gang schlah der Obergadenagu	74			
Hätt der öppe	76			
Herr von Hagen	75			
Hinderem Hus isch Ys	77			
Hinder s Hanse Heiris Hus	76		Sauerkrautlatein	85
Hirsch heiss ich	77			
Ja gell, so geits	73		Alasi, alaser	89
Meischter Müller	76		Benem Seter	89
Metzger wetz mer s Metzgermässer	76		Blumento-Pferde	87
Morn am Morge muess der Metzger	76		Bodense, Walense	87
Pootz – Chüngelibock, Eiertätsch	74		Curenggassuff	88
Schälle Si nid an säller Schälle	74		Curentem fino	88
Schang stand uf	73		Curenti, purtuti	89
Schnäll, schnäll, d Schnalle a d Schue	73		Dikurante	88
Schnäll, schnäll, d Schnalle a d Schue	73		Dikurantum	88
Sportabzeiche	77		Felix, pax filia	89
Üses Lüti lütet lüter	74		Habensi diguti	89
Voulez-vous Schnäggli fah	76		Helena kerdentum	87
Wenn dä choge Chirsichratte	74		Ich empfele mich	87
Wenn din Bueb mim Bueb	75		Ich sass an meinem Schipfensterchen	88
Wenn mancher Mann wüsst	77		Kufortist	89
We Wasser Wy wär	77		Le Chapeauteau	87
Z Schwyz schynt d Sunne	73		Mäiedäbtau?	87
Zwischen zwei Zweigen	73		Magdalena, wendentum	87
Z Züri uf der rote Brugg	76		Osterben oneglauben	88
			Protoni-Wurst	87

Rabsandas	88
Si legendarum indicasse	89
Sufrab neheg	89
Was sehr zu Beer	87
Was sergelte	87
Woni bile dixi?	87

Verse zum Zeichnen	91
Das ist das Haus vom Nikolaus	105
Das ist eine grosse Acht	97
Der Mond ist rund	93
D Grossmama goht in Park	106
Do isch es Wirthus gsi	104
Doppelpunkt, Fragezeichen	93
E Chines	98
E Huet	98
Ein Ei, nein lieber zwei	101
Eine Tanne und noch eine Badewanne	94
Es isch emol e König gsi	105
Frau Meier, i hätt gärn zwei Eier	102
Grüezi Frau Meier	102
I bi i Lade go ichaufe	103
I bin i d Metzg gange	94
Ich ha kauft: e Tomate	103
Ich und Du	97
Punkt, Punkt, Gedankestrich	100
Punkt, Punkt, Komma, Strich	93, 95, 96, 99, 101
Pünktli, Pünktli, Komma, Strich	95, 100
Schrib «doof» verbunde	93
S Vreneli isch i d Schuel gange	106
Zerscht es M, dänn es O	104
Zwöi Rölleli	99

Folgende Verse sind mit freundlicher Genehmigung des Speer-Verlages dem Büchlein «Jupedihei» von Sina Werling entnommen:
Das isch de Herr Tuume 35, Dää rüeft: Füürio 36, Dää gaat uf Afrika 36, Dää sitzt still und froh am Tisch 36, Dää räist dur d Wält 37, De Herr Tuumetick im erschte Stock 37, Dää gaht go Birrli schüttle 37, Das sind föif Brüederli 40, Föif Söili chömed z lauffe 40, Häile, häile, Chätzli 61, Schlirpi, schlärpi Schlarpischue

Kennen Sie die andern «wir eltern»-Publikationen, die Sprachförderung mit fröhlichem Spiel verbinden?

Susanne Stöcklin-Meier
SPIELEN UND SPRECHEN
Alte und neue Wortspiele mit Fingern, Händen, Füssen, Schatten, Requisiten
Dieses Werk wendet sich an Kinder, die aus dem Kindesalter herausgewachsen sind, die aber für einstudiertes Kasperlispiel oder Kindertheater noch zu klein sind. Es möchte alle – auch sprachlich unbegabtere Kinder – zu eigener Sprachkreativität führen.
136 Seiten, mit vielen Fotos, Fr. 18.50

Susanne Stöcklin-Meier
FALTEN UND SPIELEN
Die schönsten Faltformen aus Papier, dazu Verse, Lieder, Spiele und Geschichten
Susanne Stöcklin-Meier hat hier die schönsten Faltformen zusammengetragen, mit denen sich wertloses Papier in lustige Spielsachen verwandelt. Beim Falten lernen die Kinder, sich zu konzentrieren, exakt zu arbeiten. Neben den genauen Anleitungen finden sich viele Spielanstösse, Verse, Lieder und Geschichten.
144 Seiten, mit vielen Fotos, Fr. 18.50

Max Huwyler/Magi Wechsler
ABC-BÜCHLEIN MIT ESELSOHREN
Es geht auch hier um die Sprache. Um die gesprochene, lebendige Sprache. Die Texte und Bilder möchten Kinder (und Erwachsene) dazu verleiten, mit der Sprache zu spielen, sie zu verändern, die Sprechlust zu fördern, Spass an diesem Spiel und damit an der Sprache selbst zu bekommen.
72 Seiten, mit vielen Illustrationen, Fr. 13.80